MARTIN WENKE

Konsumstruktur, Umweltbewußtsein und Umweltpolitik

SCHRIFTENREIHE DES RHEINISCH-WESTFÄLISCHEN INSTITUTS FÜR WIRTSCHAFTSFORSCHUNG ESSEN

NEUE FOLGE HEFT 54

Konsumstruktur, Umwelt-bewußtsein und Umweltpolitik

Eine makroökonomische Analyse des Zusammenhanges in ausgewählten Konsumbereichen

Von

Martin Wenke

Duncker & Humblot · Berlin

Die Deutsche Bibliothek – CIP-Einheitsaufnahme

Wenke, Martin:
Konsumstruktur, Umweltbewusstsein und Umweltpolitik : eine makroökonomische Analyse des Zusammenhanges in ausgewählten Konsumbereichen / von Martin Wenke. – Berlin : Duncker und Humblot, 1993
(Schriftenreihe des Rheinisch-Westfälischen Instituts für Wirtschaftsforschung Essen ; N. F., H. 54)
ISBN 3-428-07820-9
NE: Rheinisch-Westfälisches Institut für Wirtschaftsforschung ⟨Essen⟩: Schriftenreihe des Rheinisch-Westfälischen . . .

Fotoprint: Berliner Buchdruckerei Union GmbH, Berlin
Printed in Germany

ISSN 0720-7212
ISBN 3-428-07820-9

Vorwort

Aufgrund der zunehmenden Belastung der Umwelt durch ökonomische Produktions- und Konsumtionsprozesse findet die umweltökonomische Forschung insbesondere auch in ihrer empirischen Ausrichtung seit geraumer Zeit verstärkte Beachtung. Spätestens seit der Bearbeitung eines entsprechenden Gutachtens im Jahre 1987 im Auftrag des Bundesministers für Wirtschaft im Rahmen eines Schwerpunktthemas zur Strukturberichterstattung der wirtschaftswissenschaftlichen Forschungsinstitute ist die umweltökonomische Forschung fester Bestandteil der Arbeiten des Rheinisch-Westfälischen Instituts für Wirtschaftsforschung. Hierbei stand vor allem die empirische Überprüfung von bisher vorliegenden Hypothesen zum Zusammenhang zwischen Wirtschaftswachstum, Strukturwandel und Umweltbelastung im Vordergrund. Die vorliegende Arbeit behandelt einen Teilbereich dieses Themenkreises, indem sie die Veränderungen der Konsumstruktur, den Einfluß des Umweltbewußtseins der Konsumenten auf diese Veränderungen sowie umweltpolitische Rahmensetzungen und die hiervon ausgehenden Umweltwirkungen theoretisch und empirisch für ausgewählte Konsumbereiche analysiert. Im Zusammenhang mit der Überprüfung des Einflusses des Umweltbewußtseins auf die gesamtwirtschaftliche Nachfrage nach ausgewählten Erzeugnisgruppen streicht die Arbeit die bereits bei Befragungungsstudien gefundene Lücke zwischen Bewußtsein und tatsächlichem Handeln heraus. Hinsichtlich der Analyse der Auswirkungen von umweltpolitisch motivierten Abgaben und Steuern auf das Konsumverhalten werden die geringen Reagibilitäten der privaten Haushalte in bezug auf Veränderungen von Preisstrukturen hervorgehoben, hierauf zielende umweltpolitische Vorschläge werden entsprechend skeptisch beurteilt. Die Auswahl der Themenschwerpunkte erfolgte auf Anregung von Herrn Dipl.-Volksw. Klaus Löbbe. Ihm sei an dieser Stelle hierfür und für die kritische Begleitung der Studie gedankt.

Essen, Mai 1993

Rheinisch-Westfälisches Institut
für Wirtschaftsforschung

Paul Klemmer

Inhaltsverzeichnis

Gegenstand der Untersuchung 13

Erstes Kapitel

Umweltbewußtsein und Verbraucherverhalten 16

1. Charakterisierung umweltbewußten Konsumverhaltens 17
2. Erklärungsansätze umweltbewußten Konsumentenverhaltens . . . 22
2.1. Exkurs: Zur Begründung einer interdisziplinären Vorgehensweise . 22
2.2. Erklärungsansätze im Rahmen der traditionellen Konsumtheorie . . 26
2.3. Erklärungsansätze im Rahmen der soziologischen und psychologischen Verhaltensforschung 31
2.4. Möglichkeiten der Verbindung ökonomischer und soziologisch/psychologischer Ansätze 32
2.4.1. Das Modell von Etzioni 33
2.4.2. Das Modell von Antonides 34

Zweites Kapitel

Konsumstruktur und Umweltbelastung 38

1. Die Nachfrage nach „umweltsensiblen" Produkten 38
2. Die Bedeutung umweltverträglicher Produkte 45
3. Umweltwirkungen einer veränderten Konsumstruktur 47

Drittes Kapitel

Empirische Analyse des Zusammenhangs zwischen Nachfrageverhalten und Umweltbewußtsein 52

1. Die Wahl des Datenmaterials 52

2. Die Wahl des Schätzverfahrens 54

3. Auswahl der Teststatistiken und Prüfmaße 55

4. Zur Interpretation der Schätzergebnisse 57

Viertes Kapitel

Nachfrageverhalten und Umweltbewußtsein in ausgewählten umweltrelevanten Konsumbereichen 58

1. Problembereich Haushaltschemikalien 58
1.1. Niveau und Struktur von Produktion und Nachfrage 60
1.2. Der Einfluß des Umweltbewußtseins auf die Nachfrage nach Haushaltschemikalien 63

2. Die Entwicklung im Bereich der Getränkeverpackungen 67
2.1. Entwicklungstendenzen des Getränkeverpackungsaufkommens . . 68
2.2. Determinanten des Getränkeverpackungsaufkommens – ein Getränkeverpackungsmodell 73
2.2.1. Modellstruktur und Schätzergebnisse 74
2.2.2. Auswirkungen einer Verpackungsabgabe auf Niveau und Struktur des Getränkeverpackungsaufkommens – Ergebnisse einer Simulationsrechnung 77

3. Das Verkehrsverhalten der privaten Haushalte 80
3.1. Entwicklungstendenzen der Verkehrsleistungsnachfrage privater Haushalte 81
3.2. Modellierung der Verkehrsleistungsnachfrage 86
3.2.1. Modellstruktur und Schätzergebnisse 86
3.2.2. Auswirkungen einer Erhöhung der Kraftstoffpreise auf Niveau und Struktur der Verkehrsleistungsnachfrage der privaten Haushalte – Ergebnisse einer Simulationsrechnung 87

Fünftes Kapitel

Umweltpolitik und Konsumentenverhalten 94

1. Instrumente umweltbezogener Verbraucherpolitik 94

2. Zur Problematik des Umweltzeichens 96

3. Verpackungsverordnung und „Duales Abfallsystem“ 97

4. Umweltpolitische Optionen zur Beeinflussung der Verkehrsleistungsnachfrage der privaten Haushalte 100
4.1. Ordnungs- und preispolitische Maßnahmen 101
4.2. Infrastrukturmaßnahmen 102
4.3. Zusammenfassende Bewertung 104

Sechstes Kapitel

Schlußfolgerungen 107

Tabellenanhang 109

Literaturverzeichnis 118

Verzeichnis der Tabellen

Tabelle 1: Privater Verbrauch nach Ausgabearten 39
Tabelle 2: Bedeutung „umweltsensibler“ Produkte für die Verbrauchsgüterausgaben der privaten Haushalte 42
Tabelle 3: Struktur der mit dem Umweltzeichen versehenen Produkte . . 46
Tabelle 4: Veränderungen der Güterstruktur des Privaten Verbrauchs sowie der zurechenbaren Schadstoffe 50
Tabelle 5: Korrelationskoeffizienten des Zusammenhangs zwischen den Veränderungen der Konsumstruktur und den zurechenbaren Schadstoffemissionen 51
Tabelle 6: Produktion ausgewählter Haushaltschemikalien 59
Tabelle 7: Pro-Kopf-Verbrauch ausgewählter Haushaltschemikalien . . . 61
Tabelle 8: Entwicklung der relativen Preise ausgewählter Haushaltschemikalien 64
Tabelle 9: Nachfrageelastizitäten ausgewählter Haushaltschemikalien . . 65
Tabelle 10: Zur Entwicklung der Getränkeverpackungen 69
Tabelle 11: Einweg- und Mehrweganteile bei Getränkeverpackungen . . . 72
Tabelle 12: Abweichung der relativen Preise für Einwegverpackungen von denen für Mehrwegverpackungen bei Getränken 74
Tabelle 13: Auswirkungen einer Verpackungsabgabe auf Niveau und Struktur der Getränkeverpackungen 79
Tabelle 14: Emissionen nach ausgewählten Verkehrsträgern und Schadstoffen 81
Tabelle 15: Verkehrsleistung für die privaten Haushalte nach Verkehrszwecken und Verkehrsträgern 85
Tabelle 16: Auswirkungen einer Erhöhung der Kraftstoffpreise auf die Fahrleistungsnachfrage der privaten Haushalte 89
Tabelle 17: Auswirkungen unterschiedlicher Erhöhungen der Kraftstoffpreise auf die fahrleistungsbedingten Emissionen der Verkehrsträger 92
Tabelle 18: Regionale Einflußfaktoren von PKW-Besitz und -Nutzung . . 105
Tabelle 19: Gleichungen des Getränkeverpackungsmodells 109

Tabelle 20: Gleichungen des Verkehrsmodells 113
Tabelle 21: Ex post-Prognosegüte ausgewählter Gleichungen des Getränkeverpackungsmodells 116
Tabelle 22: Ex post-Prognosegüte des Verkehrsmodells 117

Verzeichnis der Übersichten

Übersicht 1: Systematisierung „umweltsensibler" Produkte 41

Übersicht 2: Zuordnung der mit dem Umweltzeichen versehenen Produkte zu den Produktgruppen der Konsumverflechtungstabellen .. 48

Übersicht 3: Variablen des Getränkeverpackungsmodells 111

Übersicht 4: Variablen des Verkehrsmodells 115

Verzeichnis der Schaubilder

Schaubild 1: Anteil umweltbewußter Haushalte 17

Schaubild 2: Umweltbewußtsein und Umweltverhalten im Modell von Kirsch 20

Schaubild 3: Verbrauch ausgewählter Getränke 70

Schaubild 4: Mehrwegquoten bei Getränkeverpackungen 71

Schaubild 5: Aufbau des „Getränkeverpackungsmodells" 75

Schaubild 6: Verkehrsbezogene Ausgaben der privaten Haushalte 83

Schaubild 7: Fahrleistung von Personenkraftwagen nach Fahrzwecken ... 84

Schaubild 8: Relative Preise von Kraftstoffen und fremden Verkehrsleistungen 88

Gegenstand der Untersuchung

Ökonomische Aktivitäten haben in aller Regel Umweltwirkungen, wobei die derzeitigen Erkenntnisse über die qualitativen, vor allem aber quantitativen Zusammenhänge noch äußerst bruchstückhaft sind. Insbesondere in jüngster Vergangenheit wurde darauf hingewiesen, daß ökonomische Fragestellungen stärker als bisher die Komplexität der Wirkungszusammenhänge zwischen Ökonomie und Ökologie in Betracht ziehen sollten[1], da vor allem die bisher vorliegenden quantitativen Analysen in der Regel lediglich Teilaspekte ökonomischer Aktivitäten und ihre Auswirkungen auf das Ökosystem behandeln. Diese Partialbetrachtung ist jedoch dadurch begründet, daß die bereits komplexen Zusammenhänge ökonomischer Systeme durch die Berücksichtigung eines weiteren – ökologischen – Systems noch umfangreicher werden und im Rahmen empirisch überprüfbarer Modelle nur schwer analysiert werden können.

Auch die vorliegende Arbeit greift Teilaspekte aus dem umweltökonomischen Gesamtzusammenhang heraus. Es geht hierbei um die Frage, welche Wirkungszusammenhänge zwischen dem Wandel der Konsumgewohnheiten der privaten Haushalte, der in der Veränderung individueller und damit auch aggregierter Ausgabenstrukturen sichtbar wird, sowie den beobachteten Veränderungen des Ökosystems bestehen. Außerdem interessieren Rückkopplungen innerhalb dieser Wirkungsverflechtungen, und zwar konkret die Frage, inwieweit das durch verschärfte Umweltprobleme veränderte Umweltbewußtsein wiederum Auswirkungen auf die Verbrauchsgewohnheiten und somit die Ausgabenstruktur hat. Schließlich geht es um die Rolle, die die Umweltpolitik in diesem Zusammenhang spielte bzw. in Zukunft spielen könnte.

Als Analyseraster wird der gesamtwirtschaftliche Rahmen gewählt, womit bereits für einzelne Bereiche – etwa Märkte oder Marktsegmente – vorliegende Ergebnisse, falls notwendig, relativiert werden können. Diese Relativierung soll allerdings nicht in der Art und Weise erfolgen, daß Befunde in Hinblick auf den gesamtwirtschaftlichen Rahmen als „nicht so gravierend" anzusehen seien, weil anderen ökonomischen Entscheidungsträgern – etwa den Unternehmen, dem Staat oder gar dem Ausland – eine sehr viel bedeutendere Verantwortung für die von ihren (ökonomischen) Entscheidungen ausgehenden Umweltwirkungen zuzuschreiben sei. Die möglicherweise vorzunehmende Relativierung bezieht sich vielmehr insbesondere auf die Frage nach dem tatsächlichen Einfluß des oftmals hervorgehobenen Anstiegs des Umweltbewußtseins auf das beobachtbare Konsumverhalten der privaten Haushalte.

1 Vgl. hierzu J. Walter, Innovationsorientierte Umweltpolitik bei komplexen Umweltproblemen. (Wirtschaftswissenschaftliche Beiträge, Nr. 13.) Heidelberg 1989.

Die Ausweitung der gesamtwirtschaftlichen Aktivität, üblicherweise gemessen anhand des Bruttosozialprodukts, hatte in der Vergangenheit i.d.R. auch eine Zunahme der Umweltbelastungen zur Folge. Mit den vielfältigen Produktions- und Konsumtionsprozessen verbunden waren oftmals solche Wirkungen, deren tatsächliches Ausmaß teilweise erst in jüngster Zeit verstärkt beobachtet wurde. Hierzu gehören z.B.

- wachsende Abfallmengen und fortschreitende Erschöpfung des Deponieraumes,
- zunehmende Boden- und Grundwasserbelastungen,
- Schädigungen der Ökosphäre sowie
- drohende Klimaveränderungen.

Im Rahmen der Nachfragekomponenten des Sozialprodukts ist der Private Verbrauch als eine der wichtigsten Determinanten einer Veränderung der Umweltbelastung heranzuziehen, zumindest dann, wenn man die Bedeutung für die gesamtwirtschaftliche Nachfrage zugrundelegt. Bei einem Anteil am Bruttosozialprodukt von über 50 vH ist davon auszugehen, daß, wenn überhaupt, vor allem dieses Nachfrageaggregat zu einer – im Vergleich zur gesamtwirtschaftlichen Entwicklung – Verringerung der Zunahme oder gar Abnahme der Umweltbelastungen, d.h. zur „Entkoppelung von Wirtschaftswachstum und Umweltbelastung" beigetragen haben dürfte. Dies gilt vor allem für die zweite Hälfte der achtziger Jahre, in der die Konsumnachfrage der privaten Haushalte entscheidende Impulse zum Sozialproduktsanstieg gegeben hat[2].

Allerdings könnte auch der innerhalb des Privaten Verbrauchs zu beobachtende Strukturwandel möglicherweise zu Entlastungen der Umwelt geführt haben. Nicht nur bezüglich des Strukturwandels des Konsums, sondern auch im Hinblick auf Veränderungen der Produktionsstruktur wird immer wieder die Hoffnung auf sog. „ökologische Gratiseffekte" des Strukturwandels geäußert. Diese Hoffnung basiert zunächst auf der Beobachtung einer stetigen Ausweitung des tertiären Sektors in den meisten westlichen Volkswirtschaften. Des weiteren wird angenommen, daß Produktion und Konsum von Dienstleistungen weit weniger umweltbelastend sind als die von Gütern. Die Bedeutungszunahme der Dienstleistungssektoren führt dementsprechend zu einer im Vergleich zu unveränderten Wirtschaftsstrukturen niedrigeren Umweltbelastung.

Der Strukturwandel des Privaten Verbrauchs in der Bundesrepublik Deutschland war jedoch weit weniger von einer Entwicklung hin zur Dienstleistungsgesellschaft geprägt als etwa die Entwicklung im intermediären Bereich, also die der unternehmensbezogenen Dienste[3]. Legt man nun die erwähnte Hypothese zugrunde, daß eine Ausweitung des tertiären Sektors schon von vornherein zu einer Entlastung der Umwelt führt, müßte den privaten Haushalten eine besondere Verantwortung für die

---

2 Vgl. M. Wenke, Zur Bedeutung des Privaten Verbrauchs und seiner Komponenten für die Konjunkturschwankungen seit dem Beginn der sechziger Jahre. „RWI-Mitteilungen", Berlin, Jg. 41 (1990), S. 205ff.

3 Vgl. Rheinisch-Westfälisches Institut für Wirtschaftsforschung (Hrsg.), Analyse der strukturellen Entwicklung der deutschen Wirtschaft – RWI-Strukturberichterstattung 1987. Band 1: Gesamtdarstellung. Gutachten im Auftrag des Bundesministers für Wirtschaft. (Bearb.: K. Löbbe u.a.) Essen 1987.

Umweltbelastungen zugerechnet werden, da sie durch ihr Konsumverhalten eine schnellere Ausweitung des Dienstleistungssektors verhindert haben. Sicherlich greift eine derartige Sichtweise bei weitem zu kurz, weil – wie schon die Analyse der Produktionsstruktur an anderer Stelle gezeigt hat[4] – auch und vor allem der innerhalb des Verbrauchs- bzw. Gebrauchsgütersegments zu beobachtende Strukturwandel zu einer Be- oder Entlastung der Umwelt führen kann. Aus diesem Grunde werden nachfolgend neben den generellen Zusammenhängen zwischen Wandlungen der Konsumstruktur und den hiervon ausgehenden Umweltwirkungen einzelne Teilsegmente des Privaten Verbrauchs, die sowohl den Bereich der Verbrauchsgüter als auch den der Gebrauchsgüter sowie der Dienstleistungen betreffen, einer eingehenderen Analyse unterzogen.

Die Arbeit ist wie folgt gegliedert: Ausgangspunkt der Analyse bildet eine Begriffsbestimmung sowie die Darstellung ausgewählter Erklärungsansätze umweltbewußten Konsumverhaltens. Die Vorstellung des der vorliegenden Analyse zugrundeliegenden Ansatzes bezüglich des Zusammenhangs zwischen Umweltbewußtsein und Konsumentenverhalten beschließt das erste Kapitel. Im zweiten Kapitel wird die Bedeutung potentiell umweltgefährdender sowie umweltfreundlicher Produkte für die aggregierte Nachfrage dargestellt. Daran anschließend erfolgt die globale Analyse des Zusammenhangs zwischen Veränderungen der Konsumstruktur und den hiervon ausgehenden Umweltwirkungen. Das dritte Kapitel enthält zur Vorbereitung der danach folgenden empirischen Analyse grundsätzliche Überlegungen hinsichtlich der Datenproblematik, der Schätz- und Testverfahren sowie der Interpretation der Ergebnisse. Im vierten Kapitel werden die Wirkungsverflechtungen zwischen Nachfrageverhalten, Umweltbewußtsein und Umweltpolitik für ausgewählte Konsumbereiche analysiert. Bei diesen Konsumbereichen handelt es sich um das Segment der Haushaltschemikalien, die Getränkeverpackungen sowie um das Verkehrsverhalten der privaten Haushalte. Im fünften Kapitel schließlich wird auf die Bereiche der Umweltpolitik eingegangen, die für die zuvor analysierten Konsumsegmente besondere Relevanz besitzen. Eine zusammenfassende Bewertung und Schlußfolgerungen beschließen die Arbeit.

4 Vgl. R. Graskamp u.a., Umweltschutz, Strukturwandel und Wirtschaftswachstum. (Untersuchungen des Rheinisch-Westfälischen Instituts für Wirtschaftsforschung, Heft 4.) Essen 1992.

Erstes Kapitel

Umweltbewußtsein und Verbraucherverhalten

Umfrageergebnissen zufolge hat das Umweltbewußtsein der Bevölkerung in jüngster Zeit stark zugenommen; bereits 1988 wurde der Umweltverschmutzung unter den in der Bundesrepublik am dringendsten zu lösenden Problemen eine gleich große Bedeutung zuerkannt wie der Arbeitslosigkeit, 1990 lag der Umweltschutz bei Befragungen zumeist an erster Stelle[1]. Darüber hinaus bezeichnen sich weiteren Befragungsergebnissen zufolge derzeit etwa 65 vH der Haushalte als „umweltbewußt", 1985 betrug der Anteilswert erst 40 vH[2] (vgl. Schaubild 1). Dieses Umweltbewußtsein ist allerdings eher allgemein in dem Sinne zu verstehen, daß die Haushalte bereit wären, sich zum Schutz der Umwelt persönlich einzuschränken, wie auch immer diese Einschränkung konkret aussehen mag. Denn trotz dieses gestiegenen Umweltbewußtseins kann im allgemeinen davon ausgegangen werden, daß tatsächliche Verbesserungen im Umweltbereich bisher nur dann zu verzeichnen waren, wenn Veränderungen staatlicher Rahmenbedingungen Handlungsalternativen nicht mehr bzw. nur in eingeschränktem Maße zuließen. Der Grund hierfür liegt darin, daß die Umwelt Charakteristiken eines öffentlichen Gutes hat: ein Ausschluß von der Nutzung ist vielfach nicht möglich bzw. nicht gewollt, die Nutzung durch eine Wirtschaftssubjekt beeinträchtigt die durch ein anderes Wirtschaftssubjekt nicht, zusätzliche Nachfrage verursacht keine zusätzlichen Kosten.

In ähnlicher Weise ist der Versuch zu bewerten, mit Hilfe von „Zahlungsbereitschaftsanalysen"[3] die bei den Verbrauchern vorliegenden Präferenzen bezüglich umweltfreundlicher Produkte zu ermitteln. Wie schon beim Verhältnis zwischen Umweltbewußtsein und tatsächlichem Verhalten ist wohl davon auszugehen, daß eine geäußerte Zahlungsbereitschaft nur in wenigen Fällen zu den entsprechend höheren Ausgaben für – möglicherweise höherpreisige – umweltfreundliche Produkte führt.

---

1 Vgl. H. Heyder, Ökologiebewußtsein und Marketing. In: R. Szallies und G. Wiswede (Hrsg.), Wertewandel und Konsum. Fakten, Perspektiven und Szenarien für Markt und Marketing. Landsberg/Lech 1990, S. 342, Abb. 1.

2 Nach Angaben der G&I Forschungsgemeinschaft für Marketing, Nürnberg.

3 Vgl. hierzu die Ausführungen in R. Graskamp u.a., S. 34ff.

Schaubild 1

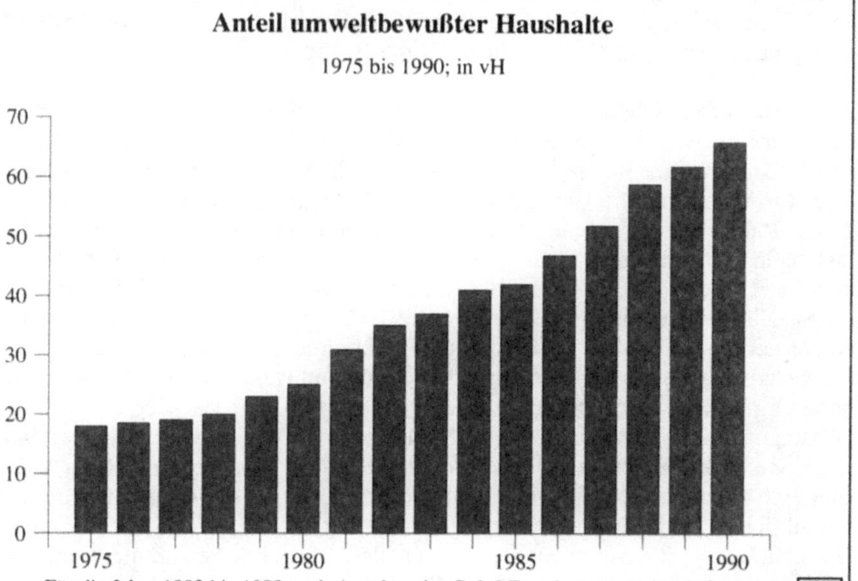

Für die Jahre 1982 bis 1990 nach Angaben der G & I Forschungsgemeinschaft, davor eigene Berechnungen.

1. Charakterisierung umweltbewußten Konsumverhaltens

Umweltbewußtes Konsumentenverhalten setzt zunächst voraus, daß den Konsumenten bewußt ist, daß sie mit jeder Kaufentscheidung nicht nur eine Ge- bzw. Verbrauchsentscheidung (bei Dienstleistungen eine Nutzungsentscheidung) treffen, sondern ebenfalls eine Produktionsentscheidung auf der vorgelagerten Stufe initiieren sowie eine „Abfallentscheidung" bezüglich der nachgelagerten Stufe – sowie indirekt der vorgelagerten – fällen[4]. Ist die „Umweltrelevanz" der einzelnen Produkte geklärt, zeigt sich umweltbewußtes Konsumverhalten dann, wenn das Umweltbewußtsein tatsächlich zu einer Kaufentscheidung zugunsten wenig oder überhaupt nicht umweltbelastender Produkte führt. Verbraucherverhalten ist somit als umweltbewußt zu charakterisieren, wenn Umweltverschmutzung als Problem und eigene Handlungsspielräume als Entscheidungsmöglichkeiten erkannt werden sowie die Bereitschaft vorhanden ist, einen individuellen Beitrag zum Schutze der Umwelt im Zusammenhang mit den eigenen Konsumaktivitäten zu leisten[5]. Allerdings sind die hieraus resultierenden Handlungs- bzw. Verhaltensalternativen nicht eindeutig bestimmt. Neben der Mög-

4 Zur Berücksichtigung der „Abfallentscheidung" im Rahmen des traditionellen Nutzenkonzepts vgl. z.B. H. Bonus [I], On the Consumer's Waste Decision. „Zeitschrift für die gesamte Staatswissenschaft", Tübingen, Band 128 (1972), S. 257ff.

5 Vgl. I. Balderjahn, Das umweltbewußte Konsumentenverhalten. Eine empirische Studie. (Betriebswirtschaftliche Schriften, Heft 123.) Berlin 1986, S. 5.

lichkeit eines höheren finanziellen Aufwandes für eine gegebene Menge von Gütern reicht das Spektrum von der Nachfrage nach einigen wenigen umweltfreundlichen Produkten über einen mehr oder weniger umweltfreundlichen Konsumstil bis hin zum radikalen Konsumverzicht bezüglich bestimmter Produktgruppen[6].

Steht in der öffentlichen Diskussion zumeist die Nachfrage nach umweltfreundlichen Produkten im Vordergrund, wird im Gegensatz dazu die Bedeutung umweltfreundlicher „Konsumstile" nur selten hervorgehoben. Diese sind vor allem bezüglich der Transformation von als „Vor-" oder „Halbprodukte" erworbenen Gütern und Leistungen im Rahmen der Haushaltsproduktion sowie den hiervon ausgehenden Umweltbelastungen von Relevanz[7]. Doch gerade im Zusammenhang mit den auch als „Konsumarbeit"[8] bezeichneten hauswirtschaftlichen Tätigkeiten besteht für die Haushalte die Möglichkeit der direkten Beeinflussung der Umweltwirkungen ihrer Tätigkeiten. Neben der Beschaffenheit der Produkte selbst kommen als weitere Einflußgrößen die Ausgestaltung des „Infrastrukturnetzes" (Strom- und Wasseranschluß, Abwasseraufbereitung u.ä.) sowie insbesondere das Alter und die Struktur des „Kapital"-Bestandes (Waschmaschinen, Wäschetrockner, Spülmaschinen usw.) hinzu. Darüber hinaus spielt das Vorhandensein technischer Kompetenzen[9] ebenso eine Rolle wie die zahlreich vorhandenen Substitutionsmöglichkeiten auf der Inputebene der Haushaltsproduktion[10]. Im Rahmen eines mikroökonomischen Ansatzes kann der einzelne Haushalt ferner im Zusammenhang etwa mit dem Recycling bestimmter Produkte als Produzent eines Sekundärrohstoffes (z.B. Altglas) gesehen werden. Dies würde dann die Outputebene der Haushaltsproduktion betreffen.

Die im Zusammenhang mit der Haushaltsproduktion oder mit dem Kaufverhalten der Haushalte vorgenommene Charakterisierung umweltbewußten Konsumverhaltens geht davon aus, daß es ohne weiteres möglich ist, das konkrete Verhalten der Konsumenten hinsichtlich seiner „Umweltfreundlichkeit" genau einzuordnen. Hierbei ist jedoch eine Reihe von Problemen zu beachten, die eine Zuordnung von Verhalten und Bewußtseinslage erschweren. Denn auch wenn das Umweltbewußtsein und die Nachfrage nach umweltfreundlichen Produkten innerhalb eines bestimmten Zeitraums – empirisch nachweisbar – angestiegen sind, sagt dies noch nichts über die zugrundeliegenden Kausalzusammenhänge aus[11]. Die vielfältigen Wirkungsverflech-

---

6 Vgl. P. Adelt, H. Müller und A. Zitzmann, Umweltbewußtsein und Konsumverhalten – Befunde und Zukunftsperspektiven. In: R. Szallies und G. Wiswede (Hrsg.), S. 157. Dabei ist zu berücksichtigen, daß ein solcher Konsumverzicht im Endeffekt gesamtwirtschaftlich eine Reduzierung des Konsumniveaus nach sich ziehen könnte.

7 Vgl. hierzu z.B. B. Seel, Zum Umweltverhalten privater Haushalte aus haushaltsökonomischer Sicht. „Hauswirtschaft und Wissenschaft", Baltmannsweiler, Jg. 37 (1989), S. 278ff.

8 Vgl. B. Joerges, Berufsarbeit, Konsumarbeit, Freizeit. Zur Sozial- und Umweltverträglichkeit einiger struktureller Veränderungen in Produktion und Konsum. „Soziale Welt", Göttingen, Jg. 32 (1981), S. 168ff.

9 Vgl. I. Braun, Technische Infrastrukturen der Konsumarbeit am Beispiel des Wäschewaschens. „Zeitschrift für Umweltpolitik und Umweltrecht", Frankfurt, Jg. 12 (1989), S. 355.

10 Umweltschonendes Verbraucherverhalten setzt i.a. die (Re-) Substitution von Ge- und Verbrauchsgütern durch Zeit bzw. Arbeitsleistung voraus (Verzicht auf Geschirrspüler und umweltgefährdende Reiniger, Verwendung mechanischer Reiniger); vgl. B. Seel, S. 283.

11 Im Rahmen der Statistik würde man von der Möglichkeit der Existenz von „Scheinkorrelationen" sprechen.

tungen, die eine Identifizierung umweltfreundlichen Verhaltens aufgrund veränderten Umweltbewußtseins erschweren, können im Rahmen eines vergleichsweise einfach konzipierten graphischen Modells veranschaulicht werden, das von Kirsch vorgeschlagen wurde[12].

Zunächst ist darauf hinzuweisen, daß ,,Umweltfreundlichkeit", wenn sie nicht nur als abstrakte Kennzeichnung Verwendung finden soll, i.d.R. keine für sich allein stehende Etikettierung darstellen kann, sondern sich lediglich in Relation zu Orientierungsgrößen definieren läßt. Auch wenn die ökologische Umwelt von umweltfeindlichem Verhalten (im vorliegenden Fall) der Konsumenten ,,betroffen" ist, so definiert sich Umweltfreundlichkeit in der Regel nicht in bezug zur Natur[13], sondern in bezug zu dem, was man ,,gesellschaftliche Konvention" nennen kann[14]. Diese Konvention kann an gesetzlich festgeschriebenen Normen und Regeln erkennbar sein oder aber nur an der öffentlichen Meinung, die in der moderenen Gesellschaft insbesondere in den Massenmedien ihren Niederschlag findet[15].

Der erwähnte gesellschaftliche Konsens über das, was weder umweltfreundliches noch umweltfeindliches, also ,,umweltneutrales" Verhalten kennzeichnet, wird in dem im Schaubild 2 abgebildeten Koordinatensystem[16] durch den Punkt 0 gekennzeichnet. Der Modell-Konsument, dessen Verhaltenskurve durch diesen gesellschaftlich bestimmten Konsenspunkt verläuft, soll als ,,Mitläufer" bezeichnet werden. Er verhält sich gesellschaftskonform ,,ökologisch", wenn ihm dieses Verhalten keine Kosten verursacht bzw. keinen Nutzen stiftet. Umweltfreundlich (positiver Abzissenwert) verhält sich der Mitläufer nur dann, wenn ihm positive Anreize in Form von Nutzenzugewinnen (negativer Ordinatenwert) ermöglicht werden. Umweltfeindlich (negativer Abzissenwert) ist das Verhalten des Mitläufers allerdings, wenn ihm Kosten (positiver Ordinatenwert) entstehen[17].

Die Verhaltenskurve verläuft innerhalb des Koordinatensystems somit fallend. Die Steigung dieser Geraden gibt die Reagibilität des Umweltverhaltens in Bezug auf die

---

12 Vgl. G. Kirsch, Umweltbewußtsein und Umweltverhalten. Eine theoretische Skizze eines empirischen Problems. ,,Zeitschrift für Umweltpolitik und Umweltrecht", Jg. 14 (1991), S. 249ff.

13 Die in diesem Zusammenhang von Kirsch geäußerte Einschätzung, daß sich die Natur trotz massiver Eingriffe des Menschen immer im Gleichgewicht befinde (,,Auch eine ausgeplünderter und verseuchter Planet ist im Gleichgewicht"; S. 253) erscheint jedoch problematisch, da unter einem gleichgewichtigen ökologischen System im allgemeinen ein sich selbst erhaltendes und nicht ein zerstörtes System verstanden wird.

14 Vgl. G. Kirsch, S. 252. Zwar beziehen sich beispielsweise festgeschriebene Grenzwerte etwa für die Belastung von Luft oder Wasser auf die Natur, die Höhe der Grenzwerte selbst allerdings ist das Ergebnis gesellschaftlicher Übereinkunft.

15 Voss weist zu Recht darauf hin, daß es sich auch und vor allem im Bereich der Umweltpolitik zumeist um die veröffentlichte als um die öffentliche Meinung handelt, die in den Massenmedien dargestellt wird. Vgl. G. Voss, Die veröffentlichte Umweltpolitik. Ein sozio-ökologisches Lehrstück. Köln 1990.

16 Vgl. hierzu und dem folgenden G. Kirsch, S. 252ff., insb. Abbildung 1.

17 Die Ordinatenwerte geben genau genommen das ,,reale" Nutzen-Kosten-Verhältnis an, das neben Veränderungen von Kosten und Nutzen beispielsweise durch die Einkommens- und Preisentwicklung determiniert ist.

Schaubild 2

Umweltbewußtsein und Umweltverhalten im Modell von Kirsch

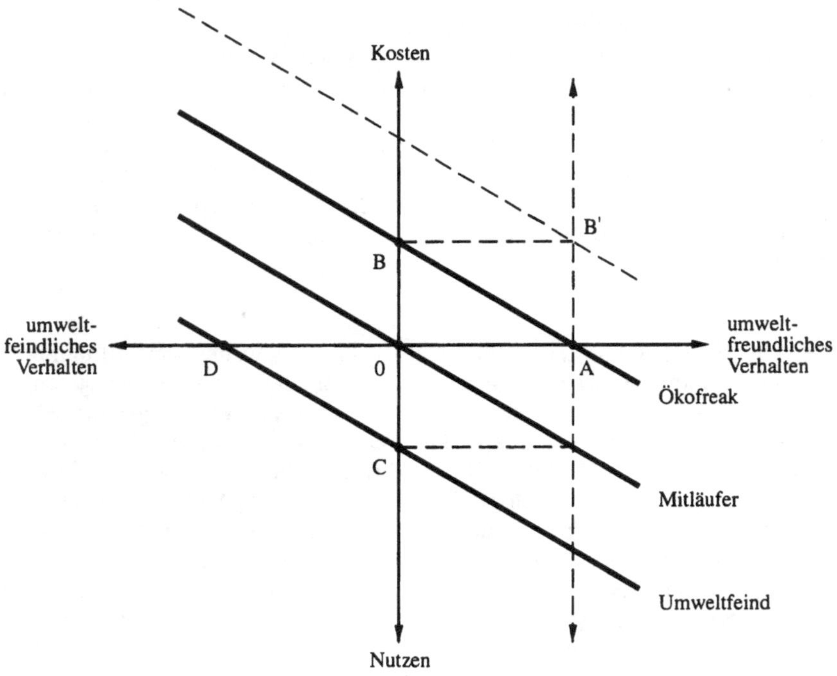

Erläuterungen vgl. Text.

Nutzen-Kosten-Relation an. Je steiler die Verhaltensgerade, desto stärker (elastischer) reagiert der Mitläufer auf veränderte Nutzen-Kosten-Relationen[18].

Wenngleich unzählige Variationen der Abweichung vom Typ des Mitläufers denkbar sind, sollen nachfolgend lediglich die extremen „Ausführungen" unterschiedlicher Verhaltensweisen dargestellt werden. Hier ist zunächst der „Ökofreak" zu nennen, dessen umweltfreundliches Verhalten um die Strecke 0A positiv vom gesellschaftlichen Konsens abweicht, wenn ihm weder Kosten noch Nutzen entsteht. Erst bei

18 Der Einfachheit halber wird das Verhalten mittels einer Geraden und somit konstanten Reagibilitäten dargestellt, was ein symmetrisches Verhalten in Bezug auf Änderungen der Kosten als auch des Nutzens impliziert. Es wäre aber durchaus auch plausibel, wenn die Reaktionen bezüglich Nutzen und Kosten unterschiedlich wären, die „Kostenreagibilität" (negative Abzissenwerte) beispielsweise höher als die „Nutzenreagibilität" ist. Die Verhaltenkurve hätte dann einen „geknickten" Verlauf.

Existenz von Kosten in Höhe von 0B verhält sich der Ökofreak gesellschaftskonform, im vorliegenden Fall allerdings weniger umweltfreundlich als zuvor. Dem gegenüber steht der Umweltfeind, der sich erst bei einem zusätzlichen Nutzen in Höhe von 0C gesellschaftskonform verhält. Entstehen ihm weder Kosten noch erfährt er einen Nutzenzuwachs, weicht er durch sein umweltbelastendes Verhalten im Ausmaß der Strecke 0D vom gesellschaftlichen Konsens ab.

Mit Hilfe dieser graphischen Darstellung kann nun tendenziell verändertes Verhalten aufgrund eines veränderten Umweltbewußtseins identifiziert werden. Zunehmendes umweltfreundliches Verhalten resultiert dann nicht aus einem Anstieg des Umweltbewußtseins, wenn

- eine Senkung der Kosten von B nach 0 (steuerliche Begünstigung umweltfreundlicher Fahrzeuge) den Ökofreak veranlaßt, positiv vom bisherigen Konsens abzuweichen (0A = Kauf eines Fahrzeugs mit Katalysatortechnik);
- eine Erhöhung des Nutzens (0C, dieser kann Geldwert besitzen oder aber auch in gesellschaftlicher Anerkennung bestehen) den Mitläufer zu einer entsprechenden Ausweitung seines umweltfreundlichen Verhaltens veranlaßt.

Umweltbewußtsein und Umweltverhalten stehen demnach nur dann in einem Kausalzusammenhang, wenn der Umweltfeind zum Mitläufer, der Mitläufer zum Ökofreak wird und der Ökofreak wiederum zum Vorreiter umweltfreundlichen Verhaltens, beobachtete Änderungen des Konsumverhaltens somit aus einer Verschiebung der Verhaltenskurven resultieren. Diese Verschiebung wiederum wird innerhalb des Modells von Kirsch nicht erklärt, ist also exogen. Im Gegensatz dazu sind endogene Verhaltensänderungen, die durch Veränderungen der Nutzen-Kosten-Relationen hervorgerufen werden, wie erwähnt nicht Ausdruck eines gestiegenen Umweltbewußtseins. Die aus den zuvor angenommenen Veränderungen des Umweltbewußtseins resultierenden Verschiebungen der Verhaltenskurven weisen darüber hinaus auf eine auch in der Realität zu beobachtende Verschiebung des gesellschaftlichen Konsenses hin. Wandeln sich nämlich alle Mitläufer zu Ökofreaks, Umweltfeinde zu Mitläufern usw., so bedeutet dies nichts anderes als eine Verlagerung des gesellschaftlichen Konsenses von Punkt 0 nach Punkt A. Dies führt aber wiederum dazu, daß einzelne Personen oder gesellschaftliche Gruppen, die den beschriebenen allgemeinen Wandel des Umweltbewußtseins nicht nachvollzogen haben, statt bisher Ökofreak nur noch Mitläufer sind, statt als Mitläufer jetzt als Umweltfeinde gelten usw. Schon diese in der Realität zu beobachtende Dynamik der gesellschaftlichen Übereinkunft bezüglich anzuwendender umweltfreundlicher Regeln und Normen macht es jedem Beteiligten außerordentlich schwer, seine jeweilige Stellung innerhalb der „Öko-Hierarchie" festzulegen und bei Änderungen des Konsenses möglicherweise ebenfalls zu revidieren.

Für denjenigen, der den Zusammenhang zwischen Umweltbewußtsein und Umweltverhalten analysieren will, besteht das Problem der Zuordnung von Verhaltensänderungen zu den potentiell auslösenden Faktoren. So kann die empirisch festgestellte positive Abweichung 0A vom gesellschaftlichen Konsens mehrere Gründe haben:

- sie stellt eine Reaktion der Mitläufer auf einen positiven (Nutzen-) Anreiz (0C) dar;

- sie ist das Ergebnis von Kosteneinsparungen (B0) der Ökofreaks, oder aber
- sie resultiert aus einer Veränderung des Umweltbewußtseins der Ökofreaks (Verschiebung der entsprechenden Verhaltenskurve) bei nach wie vor bestehenden Kosten in Höhe von AB'.

In der Separierung dieser Effekte, die sich vor allem im Rahmen gesamtwirtschaftlicher Untersuchungen überlagern, besteht somit die Hauptaufgabe empirischer Analysen.

Für den Erfolg umweltpolitischer Maßnahmen sind insbesondere Kenntnisse über die voraussichtlichen Reaktionen der Wirtschaftssubjekte auf veränderte Nutzen-Kosten-Relationen notwendig. Nach den Ergebnissen des Kirsch-Modells hängt der Erfolg davon ab, wie die Verteilung der Gruppen unterschiedlichen Umweltbewußtseins in der Gesamtbevölkerung ist und welche Steigung die jeweiligen Verhaltensgeraden haben bzw. die aggregierte Verhaltenskurve hat. Schon mit dieser relativ einfachen Analyse wird erkennbar, daß umweltpolitische Strategien zur Beeinflussung der Konsumenten darin bestehen können, sowohl die Nutzen-Kosten-Relation zu senken als auch gleichzeitig eine Verschiebung und/oder Drehung[19] der aggregierten Verhaltenskurve zu bewirken.

2. Erklärungsansätze umweltbewußten Konsumentenverhaltens

Generell stellt sich die Frage, im Rahmen welches konsumtheoretischen Erklärungsansatzes die Analyse umweltbewußten Verbraucherverhaltens vorgenommen werden soll. Neben der traditionellen mikroökonomischen Konsumtheorie wird seit einiger Zeit versucht, diese durch Elemente soziologischer und psychologischer Ansätze zu erweitern und in einem Modell umweltbewußten Konsumverhaltens zusammenzufügen. Bevor beide Erklärungsansätze sowie der Versuch einer Integration vorgestellt werden, soll nachfolgend auf die Diskussion über mögliche Gründe für eine Erweiterung der traditionellen Konsumtheorie eingegangen werden.

2.1. Exkurs: Zur Begründung einer interdisziplinären Vorgehensweise

Wie bereits erwähnt, sollen im Rahmen der nachfolgenden Analyse neben den (mikro-) ökonomischen Hypothesen der traditionellen (neoklassischen) Konsumtheorie auch Komponenten soziologischer und psychologischer Erklärungsansätze für die Analyse des Zusammenhangs zwischen Umweltbewußtsein und beobachtetem Ausgabehalten der Haushalte herangezogen werden, die dann je nach Sichtweise und Schwerpunktbildung zu einer um soziologische bzw. psychologische Aspekte erweiterten Ökonomie bzw. einer ökonomischen Verhaltensforschung zusammengefaßt werden können. Da im vorliegenden Fall ökonomische Gesichtspunkte den Schwerpunkt bilden, soll nachfolgend der Frage nachgegangen werden, inwieweit soziologische und psychologische Paradigmen geeignet sind, ökonomische Erklärungsansätze sinnvoll zu ergän-

19 Nach der Drehung der Verhaltenskurve sollte diese flacher als zuvor verlaufen, die Reagibilität des Verhaltens in bezug auf Änderungen des Nutzen-Kosten-Verhältnisses hätte sich dann erhöht.

zen[20]. Notwendig ist eine solche Fragestellung allerdings nur dann, wenn man davon ausgeht, daß die Ansätze der (klassischen) Ökonomie, die sich maßgeblich am Nutzenkonzept orientieren, allein nicht geeignet sind, die hier interessierenden Zusammenhänge zu analysieren.

Nicht nur bezüglich der vorliegenden Fragestellung, sondern auch ganz grundsätzlich wird vor allem der neoklassischen Ökonomie schon seit einiger Zeit eine zu mechanistische Sicht der Gesellschaft vorgeworfen, die sich in einer Vernachlässigung der „menschlichen Komponente" niederschlage und deshalb eine vergleichsweise geringe praktische Bedeutung ökonomischer Forschung zur Folge habe[21]. Kernpunkt der Kritik an einem solchen Modellplatonismus ist das ökonomische Modell des Menschen, welches unter der Bezeichung „homo oeconomicus" bekannt ist und im Rahmen der Nutzentheorie seine formale Darstellung findet. Insbesondere das in diesem Zusammenhang aufgestellte Rationalitätspostulat wird als wenig realitätsnah verworfen, wobei allerdings oftmals nicht klar definiert wird, was überhaupt unter „rationalem" Verhalten verstanden werden soll[22]. Ohne die Diskussion über die inhaltliche Auslegung rationalen Verhaltens bzw. der Nutzentheorie wiedergeben zu wollen, sei jedoch darauf hingewiesen, daß die einseitige Erklärung solchen Verhaltens mit dem Streben nach individueller Nutzenmaximierung ohne „Rücksicht auf Verluste" wohl nicht (mehr) der heutigen Interpretation entspricht[23]. Vielmehr wird das Grundmodell des homo oeconomicus (zumindest von eher der verhaltensorientierten Forschungsrichtung zuneigenden Ökonomen) in moderner Form als Modell des resourceful, evaluative, maximizing man (REMM) konkretisiert. Dieses Individuum kann zwar ebenfalls in einer sehr eingeschränkten Art und Weise als bloßer Nutzen- bzw. Einkommensmaximierer interpretiert werden, grundsätzlich folgt die Charakterisierung jedoch einer sehr viel umfassenderen Beschreibung im Sinne einer zielbewußt handelnden Person[24].

Welches sind nun die Charakteristika dieses REMM? Zunächst verfügt das hier „modellierte" Individuum über ein umfassendes Wertesystem, mit dessen Hilfe nicht nur die Bewertung der zum Konsum anstehenden Güter erfolgt, sondern auch Kenntnisse, Fähigkeiten, Prestige oder aber auch die Situation anderer Individuen

---

20 Die genau entgegengetzte Fragestellung nach der Eignung ökonomischer Ansätze für soziologische Fragestellungen behandelt z.B. K.-D. Opp, Das „ökonomische Programm" in der Soziologie. „Soziale Welt", Jg. 29 (1978), S. 129ff.

21 Vgl. z.B. B.S. Frey, Ökonomie als Verhaltenswissenschaft. Ansatz, Kritik und der europäische Beitrag. „Jahrbuch für Sozialwissenschaft", Göttingen, Jg. 29 (1978), S. 21.

22 So bezeichnet Coleman den homo oeconomicus als jemanden, der „unsocialized, entirely self interested, not constrained by norms of a system, but only rationally calculating to further his own self interest" ist; J.S. Coleman, Collective Decisions. „Sociological Inquiry", vol. 1964, S. 166.

23 Zur Diskussion der Rationalitäts- und Eigennutzannahme aus soziologischer Sichtweise vgl. K.-D. Opp, S. 134ff. Zur Behandlung dieses Fragenkomplexes aus Sicht der Vertreter einer ökonomischen Verhaltenstheorie (als Erweiterung der klassischen ökonomischen Theorie) vgl. z.B. B.S. Frey und W. Stroebe, Ist das Modell des Homo Oeconomicus 'unpsychologisch'? „Zeitschrift für die gesamte Staatswissenschaft", Bd. 136 (1980), S. 82ff.

24 Vgl. hierzu und dem folgenden W.H. Meckling, Values and the Choice of the Model of the Individual in the Social Sciences. „Schweizerische Zeitschrift für Volkswirtschaft und Statistik", Bern, Jg. 112 (1976), S. 545ff., insbesondere S. 548f.

einer Bewertung unterzogen werden. Neben anderen Anforderungen ist die nach der Transitivität im Zusammenhang mit der Existenz eines klar definierten Präferenzsystems von Bedeutung, da sonst zielbewußtes Handeln vor allem im Hinblick auf die „Prognostizierbarkeit" menschlichen Verhaltens kaum möglich ist[25]. Die erwähnten Charakteristika kennzeichnen den „evaluative man".

Des weiteren wird der „maximizing man" sehr viel umfassender definiert als lediglich als reiner Nutzenmaximierer. Zwar versucht auch erstgenannter den größtmöglichen Nutzen zu erreichen. Um jedoch überhaupt (empirische) Relevanz zu besitzen, muß in diesem Zusammenhang sowohl eine Grenze des erreichbaren Niveaus des Nutzens als auch eine gewisse Wahlfreiheit des Individuums (im Gegensatz zur quasi „automatischen" Nutzenmaximierung des traditionellen, enger ausgelegten Konzepts) beachtet werden. Auch wird keine vollständige Information vorausgesetzt, Informations- und Entscheidungskosten werden berücksichtigt.

Evaluative und maximizing man befinden sich in Übereinstimmung mit der (zumindest neueren, weiterentwickelten) Konsumtheorie und sind aus diesem Grunde weiterhin formal konsistent mit einem eher mechanistischen Verhalten[26]. Aus diesem Grunde wird die Anforderung der „resourcefulness" eingeführt, welche Aussagen über die Fähigkeit des Individuums erlaubt, die Konsequenzen eigenen Handelns für sich selbst, aber auch für seine Umwelt (im weitesten Sinne) zu erkennen. Somit ist der hier beschriebene „Menschentyp" nicht nur in der Lage, neue Möglichkeiten aufzunehmen bzw. umzusetzen, sondern er ist ebenfalls fähig, diese überhaupt erst zu entwickeln.

Es stellt sich die Frage, ob es bei der zuvor beschriebenen, umfassenden Ausformung des Paradigmas überhaupt noch erforderlich ist, im Zusammenhang mit der vorliegenden Fragestellung soziologische und psychologische „Bausteine" zusätzlich zu berücksichtigen. Diese Frage ist zumindest dann positiv zu beantworten, wenn man davon ausgeht, daß sich auch im Rahmen des REMM-Modells Verhaltensweisen für alternative Situationen lediglich unter Beibehaltung stabiler Präferenzen ableiten lassen[27]. Die ökonomische Analyse führt menschliches Verhalten vor allem auf Einschränkungen des Handlungsspielraumes zurück, monetäre und nicht monetäre Restriktionen werden theoretisch erklärt und operationalisiert und dabei jedoch klar von Veränderungen der Präferenzstruktur der Individuen unterschieden[28]. Gerade eine solche „Endogenisierung" der Präferenzstruktur erscheint jedoch im Hinblick auf die vorliegende Fragestellung notwendig zu sein, da angenommen wird, daß eine Umsetzung ökologischer Einstellungen über die Kaufabsicht in beobachtbares Kaufverhalten nicht nur durch eine Beeinflussung des Handlungsrahmens im Zusammenhang mit

---

25 In diesem Zusammenhang schlägt Meckling vor, „rationales" Verhalten aus semantischen Gründen ausschließlich auf das erwähnte Transitivitätspostulat zu beschränken, um damit eine Vereinheitlichung der Bedeutung einer solchen Kennzeichnung zu gewährleisten. Vgl. W.H. Meckling, S. 548, Fußnote 5.

26 In Erweiterung der traditionellen Konsumtheorie wird seit geraumer Zeit auch die Existenz von Transaktions- und Informationskosten sowie die von Unsicherheiten (etwa in bezug auf die Einkommensentwicklung) berücksichtigt. Für einen Überblick vgl. z.B. A. Deaton and J. Muellbauer, Economics and Consumer Behavior. Cambridge u.a. 1988.

27 Vgl. G. Gäfgen und H.G. Monissen, Zur Eignung soziologischer Paradigmen. Betrachtungen aus der Sicht des Ökonomen. „Jahrbuch für Sozialwissenschaft", Jg. 29 (1978), S. 140.

28 Vgl. B.S. Frey, S. 24.

umweltpolitischen Maßnahmen gefördert werden kann (z.B. durch die Einführung von Umweltgebühren bzw. Lizenzen). Dies kann ebenfalls durch solche Maßnahmen erreicht werden, die auf eine direkte Beeinflussung der Präferenzstruktur abzielen, was jedoch voraussetzt, daß maßgebliche Einflußfaktoren bekannt sind.

Bereits Mitte der siebziger Jahre wurde allerdings darauf hingewiesen, daß für den traditionellen homo oeconomicus lediglich ein auf alle denkbaren Werte (vom Altruismus bis zum Hedonismus) erweiterter Wertebereich angenommen werden sollte – was zumindest implizit der oben erwähnten Forderung nach der Mitberücksichtigung der „resourcefulness“ entspricht. Hieraus ergäbe sich dann „solange er (der homo oeconomicus, d. Verf.) seine Mittel nicht völlig vergeudet, daß sein Verhalten immer noch ökonomisch (ist, d. Verf.). In Wirklichkeit ist der neue 'homo oeconomicus' ein ganz gewöhnliches Wesen“[29].

In jüngster Zeit wurde darauf hingewiesen, daß gerade auch im Hinblick auf die Analyse der Zusammenhänge zwischen Umweltveränderungen und ihren ökonomischen Wirkungen erst eine deutlich erweiterte „Fassung“ des homo oeconomicus eine wirtschaftswissenschaftliche Behandlung der Probleme erlaubt[30]. So wurden im Rahmen eines vom Umweltbundesamt initiierten Programms zu den Kosten des Umweltschutzes nicht nur solche umweltbezogenen Wirkungen berücksichtigt, die sich in Einkommensverlusten oder aber Materialschäden niederschlagen, sondern es wurden darüber hinaus beispielsweise psychosoziale Kosten der Umweltverschmutzung[31] sowie die volkswirtschaftliche Bedeutung des Arten- und Biotopschwundes analysiert. Hieraus geht hervor, daß die eingangs erwähnte zunehmende Komplexität der Zusammenhänge zwischen Ökonomie und Ökologie auch dann eine Erweiterung traditioneller Analyseraster (Modelle) der betroffenen Wissenschaftsdisziplinen erfordert, wenn lediglich Teilaspekte des Gesamtzusammenhangs untersucht werden[32].

Die Aufgabenverteilung in dem hier präferierten interdisziplinären Ansatz kann somit wie folgt beschrieben werden:

- Im Rahmen des ökonomischen Ansatzes sind die Auswirkungen veränderter Handlungsspielräume auf den Zusammenhang zwischen Umweltbewußtsein und tatsächlichem Konsumverhalten der privaten Haushalte zu analysieren.
- Im Rahmen eines soziologischen Ansatzes, der auch psychologische Erklärungsmuster menschlichen Verhaltens beinhalten soll, sind zum einen die Einflußfaktoren von Bewußtseinsänderungen zu untersuchen. Zum anderen sollen

29 G.C. Homans, Social Behavior. Its Elementary Forms. New York u.a. 1974, zit. nach A. Endres u.a., Der Nutzen des Umweltschutzes. (Berichte des Umweltbundesamtes, Nr. 12/91.) Berlin 1991, S. 40.

30 Vgl. A. Endres u.a., S. 40.

31 Vgl. W. Schluchter, U. Elger und H. Hönigsberger, Die psychosozialen Kosten der Umweltverschmutzung. (Texte des Umweltbundesamtes, Nr. 24/91.) Berlin 1991. Zu den anderen genannten Studien vgl. A. Endres u.a. und die dort angegebene Literatur.

32 Für den gesamten Forschungsbereich der Umweltökonomie bedeutet dies, daß neben der angesprochenen sozialwissenschaftlichen Erweiterung zukünftig vor allem auch naturwissenschaftliche Erkenntnisse in das ökonomische Analyseraster eingefügt werden müssen.

im Rahmen einer (psychologischen) „Theorie des Erlernens von Verhaltenskonsequenzen“ die Angleichung zwischen subjektiver Wahrnehmung (etwa des Umweltproblems) und objektiven Zuständen sowie die von diesem Konvergenzprozeß ausgehenden Einflüsse auf die Ausgabenentscheidung analysiert werden.

Die vorangegangenen Ausführen haben verdeutlicht, daß der Versuch unternommen werden sollte, einerseits einen Beitrag zur Verstärkung der theoretisch-konzeptionellen Arbeit in diesem Problemfeld zu leisten. Andererseits soll jedoch in diesem Zusammenhang keine eigenständige Theorie des Umweltbewußtseins entwickelt werden, sondern durch Verknüpfung unterschiedlicher theoretischer Ansätze eine Analyse der vorliegenden Fragestellung erfolgen[33]. Zunächst werden die Möglichkeiten der Analyse im Rahmen der traditionellen Konsumtheorie vorgestellt.

2.2. Erklärungsansätze im Rahmen der traditionellen Konsumtheorie

Im Rahmen der traditionellen (mikroökonomischen) Nachfragetheorie ist es auf verschiedene Weise möglich, die „Umwelt“ in die individuelle Nutzen- bzw. in die letztendlich hiervon abgeleitete Nachfragefunktion zu integrieren. So kann die Umwelt (-qualität) bzw. ein wie auch immer definiertes „umweltverträgliches Produkt“ als weitere, den Nutzen des jeweiligen Wirtschaftssubjektes tangierende Größe angesehen werden. Die Nachfrage nach diesem Gut hängt vom zur Verfügung stehenden Einkommen sowie vom Relativpreis – im Vergleich zu den anderen Nutzen stiftenden Gütern – ab. Geht man davon aus, daß vergleichbare Güter jeweils in „umweltbelastender“ und „umweltverträglicher“ Version angeboten werden, könnte dies insofern Berücksichtigung finden, als zu einer Aufteilung der Ausgabenkomponente in Mengen und Preise die Unterscheidung unterschiedlicher Qualitäten hinzukommt. Diese Unterscheidung wird zumeist anhand der Separierung der Komponenten einer Preissteigerung vorgenommen, die auf Geschmacks- und Qualitätsänderungen zurückzuführen sind[34].

Eine derartige Vorgehensweise ist jedoch aus einer Reihe von Gründen problematisch. Zunächst unterstellt die traditionelle Nutzentheorie eine Konstanz der individuellen Präferenzen. Somit kann innerhalb dieser Theorie nicht erklärt werden, warum die Umweltqualität bzw. umweltverträgliche Produkte aus anderen Gründen als Einkommens- und (Relativ-) Preisveränderungen stärker nachgefragt werden. Gerade dies steht jedoch im Mittelpunkt dieser Untersuchung, da zunehmendes Umweltbewußtsein auch und vor allem als eine Veränderung bestehender Präferenzstrukturen

---

33 Vgl. hierzu auch die diesbezüglichen Ausführungen im Hinblick auf das anzustrebende Forschungsprogramm in Rat von Sachverständigen für Umweltfragen, Umweltgutachten 1987. Stuttgart u.a. 1987, S. 53.

34 Vgl. hierzu z.B. S.J. Prais and H.S. Houthakker, The Analysis of Family Budgets. Cambridge, MA, 1971, sowie F.M. Fisher and K. Shell, Taste and Quality Change in the Pure Theory of the True Cost of Living Index. In: Z. Griliches (Ed.), Price Indexes and Quality Change: Studies in New Methods of Measurement. Cambridge, MA, 1971.

verstanden werden kann[35]. Für die Analyse dieser Fragestellung müßte die neoklassische Theorie somit durch die Annahme veränderbarer Präferenzen erweitert werden, wobei möglichst auch die Determinanten einer solchen Änderung im individuellen Präferenzsystem aufgezeigt werden sollten. Eine derartige Erweiterung des herkömmlichen Ansatzes wird weiter unten vorgestellt.

Problematisch ist die aufgezeigte Vorgehensweise insbesondere deshalb, weil die Einbeziehung der „Umweltqualität" in die individuelle Nutzenfunktion als ein weiteres Gut, für das ein Preis existiert und das somit beim Konsum Kosten verursacht, praktisch einen Wandel der bislang als „öffentliches Gut" betrachteten Größe hin zu einem „privaten Gut" bedeuten würde. Öffentliche Güter sind im Gegensatz zu privaten Gütern dadurch gekennzeichnet, daß sie zum einen nicht aufgeteilt werden können und allen Haushalten gemeinsam zugute kommen (Gleichheitsbedingung), so daß keiner vom Konsum ausgeschlossen werden kann (Nichtrivalitätsbedingung). Zum anderen entstehen dem Konsumenten beim Verbrauch keine Kosten, so daß die jeweilige Zahlungsbereitschaft für jeden Haushalt eine andere ist, die außerdem, weil für ihn attraktiver, niedriger angesetzt wird, als es den tatsächlich entstandenen Produktionskosten entsprechen würde[36].

Die eigentliche Frage in diesem Zusammenhang ist jedoch, ob der Verbraucher tatsächlich seine Präferenzen für Umweltgüter unter Berücksichtigung der entstehenden Kosten (natürlich vorausgesetzt, diese sind bekannt) offenbaren will. Die Existenz von Umweltproblemen ist jedoch nach allgemeiner Einschätzung gerade darauf zurückzuführen, daß bisher nur wenige Konsumenten bereit waren, ihre Präferenzen für eine un- bzw. wenig belastete Umwelt, etwa durch die Inkaufnahme geldwerter Nachteile, öffentlich darzulegen[37]. Auf der anderen Seite werden die mit dem Verbrauch von Umweltgütern (bzw. den für eine Vermeidung von Umweltschäden eigentlich notwendigen, jedoch tatsächlich unterlassenen Ausgaben) verbundenen Wirkungen für einzelne oder die Gesamtheit der Wirtschaftssubjekte wirksam, es treten „externe Effekte" auf. Auf diesen Zusammenhang, der vor allem durch die Arbeiten von Samuelson in die Diskussion eingeführt wurde[38], soll nachfolgend näher eingegangen werden.

Von negativen oder positiven externen Effekten im Zusammenhang mit der Konsumtheorie wird dann gesprochen, wenn in der Nutzenfunktion eines Konsumenten solche Variablen einbezogen sind, die von anderen Wirtschaftssubjekten direkt

---

35 Im Rahmen der gängigen graphischen Analyse kann eine solche Präferenzänderung z.B. anhand einer Drehung der Indifferenzkurvenschar derart dargestellt werden, daß bei gegebenem Einkommen und unveränderten Preisen mehr von dem umweltfreundlichen Gut nachgefragt wird als vorher.

36 Im Rahmen der Wohlfahrtsanalyse zur Bestimmung des Pareto-Optimums gilt für „private Güter", daß im Optimum die marginale Zahlungsbereitschaft für jeden Haushalt gleich ist und den Produktionsgrenzkosten entspricht. Vgl. H. Bonus [II], Öffentliche Güter und der Öffentlichkeitsgrad von Gütern. „Zeitschrift für die gesamte Staatswissenschaft", Jg. 136 (1980), S. 50ff.

37 Vgl. L. Wicke, Umweltökonomie. Eine praxisorientierte Einführung. München 1982, S. 38ff.

38 Vgl. P.A. Samuelson, The Pure Theory of Public Expenditure. „Review of Economics and Statistics", Cambridge, MA, vol. 36 (1954), S. 387ff., sowie ders., Pure Theory of Public Expenditure and Taxation. In: J. Margolis and H. Guitton (Eds.), Public Economics – An Analysis of Public Production and Consumption and their Relations to the Private Sector. London u.a. 1969, S. 98ff.

beeinflußt werden (können)[39]. Wichtig ist hierbei, daß über die in der individuellen Nutzenfunktion vertretenen öffentlichen Güter im Zusammenhang mit der Diskussion externer Effekte das Wohlfahrtsniveau auch „fremdbestimmt" ist, während es, wandelt sich das öffentliche Gut zu einem privaten, vorwiegend „eigenbestimmt" ist.

Die Einbeziehung fremdbestimmter Güter in die individuelle Nutzenfunktion des Konsumenten erreicht Samuelson durch die sogenannte Gleichheitsbedingung. Diese besagt, daß öffentliche Güter, einmal hergestellt, jedem Haushalt in gleicher Weise zugute kommen, während private Güter restlos unter den einzelnen Haushalten zur exklusiven Nutzung aufgeteilt werden und somit nicht Bestandteil von Nutzenfunktionen anderer Konsumenten sein können[40]. In diesem Zusammenhang hat Bonus in Abwandlung des Modells von Samuelson folgende Nutzenfunktion vorgeschlagen[41]

$$(1) \qquad u^i = u^i(\mathbf{X}; x_r^i, x), i = 1, ..., s$$

mit

u_i : Nutzenniveau des Konsumenten i;

X : n x s-Matrix „generell" öffentlicher Güter, g = 1, ..., n (Anzahl der Güter);

x_i^r : privates Gut, nachgefragt von Konsument i;

x : „polar" öffentliches Gut, nachgefragt von Konsument s.

Während die Matrix der generell öffentlichen Güter alle (eigenen und fremden) individuellen Aktivitätsniveaus beinhaltet, die den Nutzen des Konsumenten i beeinflussen können, wird das polar öffentliche Gut lediglich von Konsument s verbraucht und erreicht die anderen s–1 Konsumenten nur in Form externer Effekte.

Die Konsumtion des Gutes x ist aufgrund seines privaten Charakters von Natur aus in seiner Wirkung auf den Urheber beschränkt. Anders sind dagegen die Wirkungen der Nutzung der generell öffentlichen Güter (z.B. des Gutes x, j ≠ i), die prinzipiell nicht ohne Rückwirkung auf den Haushalt i sind. Der Unterschied zwischen diesen generellen und den polaren öffentlichen Gütern besteht darin, daß der Konsum letztgenannter per definitionem den Nutzen des jeweils betrachteten Haushalts im Sinne eines externen Effektes tangiert, während die Matrix **X** grundsätzlich offenläßt, von welchen Aktivitäten Effekte für den jeweiligen bzw. die anderen Haushalte ausgehen und welche Vorzeichen diese Effekte haben. So kann mittels dieser Matrix die Möglichkeit modelliert werden, daß von ein und derselben Aktivität (Konsumakt) für unterschiedliche Konsumenten zugleich positive, negative und gar keine externen Effekte ausgehen. Beispielsweise fährt der Haushalt i gerne ins „Grüne". Aus finanziellen Gründen besitzt er noch kein Fahrzeug, das mit geregeltem Katalysator ausgerüstet ist. Das Fahren bereitet ihm Freude, er genießt die Landschaft (positiver externer Effekt). Die Abgase belasten jedoch die Umwelt entlang der Fahrstrecke, so daß für die entlang dieser Strecke wohnenden Haushalte j ≠ i negative Effekte auftreten. Gleichzeitig werden Haushalte, die nicht im Einzugsgebiet der vom Haushalt i verursachten Belastungen wohnen, überhaupt nicht tangiert (externer Effekt = 0).

---

39 Vgl. H.G. Monissen, Externalitäten und Ökonomische Analyse. In: E. Streißler und C. Watrin (Hrsg.), Zur Theorie marktwirtschaftlicher Ordnungen. Tübingen 1980, S. 342ff.

40 Vgl. H. Bonus [II], S. 52.

41 Vgl. H. Bonus [II], S. 57ff.

Werden nun zur Ermittlung des Pareto-Optimums die gemäß Gleichung (1) spezifizierten Nutzenfunktionen in die allgemeine Wohlfahrtsfunktion

(2) $$W = W(u_1, ..., u_s)$$

eingesetzt und letztere unter Berücksichtigung der impliziten Produktionsfunktion

(3) $$F(\mathbf{x}, x_r, x_c) = 0,$$

der strikten Rivalitätsbedingung für das private Gut

(4) $$\sum_{i=1}^{s} x_r^i = x_r$$

sowie der Gleichheitsbedingung für das polar öffentliche Gut

(5) $$x_c^1 = x_c^2 = \ldots = x_c^s = x_c$$

maximiert, erhält man das für die weiteren Ausführungen bedeutende Ergebnis, daß im Hinblick auf das (pareto-) optimale Aktivitätsniveau eines Haushalts nicht nur die eigene marginale Zahlungsbereitschaft relevant ist, sondern auch die der übrigen Haushalte[42]. Hierbei stellt sich allerdings die Frage, inwieweit die auch hier auftretenden externen Effekte das Pareto-Optimum beeinflussen[43].

Was bedeutet dies nun für die hier aufgeworfene Frage zum Zusammenhang zwischen Umweltbewußtsein und Konsumverhalten der Haushalte? Zum einen ermöglicht dieser Ansatz, daß das einzelne Wirtschaftssubjekt durch seine eigene Aktivität selbst einen externen Effekt „erleidet": Befindet sich z.B. der oben erwähnte Autofahrer bei heruntergelassenem Fenster in einem Verkehrsstau, atmet er neben den Abgasen der anderen Verkehrsteilnehmer auch die seines eigenen Fahrzeugs ein. Dies könnte ihn veranlassen, die Ursache nicht allein bei „den anderen" zu suchen (wie dies bei der alleinigen Berücksichtigung des polar öffentlichen Gutes x_s^c wohl der Fall wäre), sondern die Eigenverantwortlichkeit auch für das eigene Befinden im Zusammenhang mit dem Entstehen externer Effekte durch den Konsum öffentlicher Güter zu „erfahren". Des weiteren erlaubt dieser Ansatz, daß der Konsument i durch die gleiche Aktivität des Wirtschaftssubjektes j bezüglich seines Nutzenniveaus tangiert wird, die erstgenannter auch selbst durchführt (Belastung der Luft auch durch die ebenfalls im Stau befindlichen Kraftfahrer).

Weiterhin erlaubt der Ansatz mit der Einbeziehung generell öffentlicher Güter über die Matrix **X** eine Kompensation einzelner externer Effekte durch solche mit entgegengesetztem Vorzeichen. So kann – unter Fortführung des begonnenen Beispiels – angenommen werden, daß die entlang der Fahrstrecke des Autofahrers lebenden Wirtschaftssubjekte die negativen externen Effekte des Autoverkehrs dadurch kom-

---

42 Zur formalen Ableitung vgl. H. Bonus [II], S. 59.

43 Im einzelnen vgl. H. Bonus [II], S. 60. Zu den Möglichkeiten der Internalisierung dieser Effekte im Rahmen der paretianischen Wohlfahrtsökonomie vgl. A. Endres, Die pareto-optimale Internalisierung externer Effekte. Frankfurt/M. und Bern 1976.

pensieren, daß sie etwa in einem Naherholungsgebiet leben, dessen positive externen Effekte („Lebensqualität") die negativen (zumindest wenn diese nur vorläufiger Natur sind) überkompensieren. Diese Kompensationsmöglichkeit könnte auch als einer der Gründe dafür herangezogen werden, daß, solange für den einzelnen die positiven Effekte überwiegen, keine bzw. nur unzureichende Maßnahmen (Verringerung des Aktivitätsniveaus) durchgeführt werden, die die negativen Effekte vermeiden.

Trotz der hier angedeuteten Möglichkeiten ist die Analyse des Einflusses des Umweltbewußtseins auf das Verhalten des jeweils betrachteten Wirtschaftssubjektes auch im Rahmen dieses Modells nur dann möglich, wenn die Annahme konstanter Präferenzstrukturen aufgegeben wird. Denn dann können die (insbesondere hier interessierenden negativen) externen Effekte bei Konstanz der Produktionskosten durch die Veränderung des Aktivitätsniveaus vermieden werden, wobei diese Veränderung im Sinne der vorliegenden Fragestellung darin bestehen würde, daß der „Verbrauch der Umwelt" durch umweltbewußtes Konsumverhalten der Wirtschaftssubjekte verringert wird.

Unabhängig von den aufgezeigten Möglichkeiten wurde in der Vergangenheit eine Reihe von Einwänden gegen die Behandlung umweltökonomischer Fragestellungen im Rahmen der neoklassischen Wohlfahrtsökonomie vorgebracht. So wird die Anwendbarkeit der Paretooptimalität angezweifelt, weil dieses Konzept

- kaum in der Lage sei, Fehlallokationen in zeitlicher Hinsicht zu beurteilen;
- aufgrund seiner „Nichtsättigungsannahme" das Denken in „menschlich-ökologischen" Standards ausschließe;
- in Bezug auf die Voraussetzung individuell-unabhängiger Präferenzen[44] besonders im Zusammenhang mit Umweltgütern unrealistisch erscheine[45].

Vor allem der Ausschluß der Möglichkeit des ökologischen Denkens, also des Einflusses nicht-ökonomischer, jedoch im vorliegenden Sinne „umweltrelevanter" Größen durch die Wohlfahrtstheorie erfordert zumindest eine Ergänzung der neoklassischen Theorie durch einen verhaltensorientierten Ansatz, der, wie bereits ausgeführt, sowohl soziologische als auch psychologische Komponenten beinhaltet.

2.3. Erklärungsansätze im Rahmen der soziologischen und psychologischen Verhaltensforschung

Bereits zu Beginn dieses Jahrhunderts wurde die neoklassische Konsumtheorie, die auch als Rationaltheorie des Konsumentenverhaltens bezeichnet wurde, durch Vertreter einer behavioristischen Nachfrageanalyse in Frage gestellt. So stützte Little seine Analyse lediglich auf beobachtbare Sachverhalte, allerdings unter Berücksichtigung

---

44 Zwar ergibt sich, wie gezeigt, die Möglichkeit, das individuelle Nutzenniveau von den Aktivitäten und somit indirekt auch vom Nutzen eines anderen abhängig zu machen, gleichwohl sind die Präferenzen individuell unabhängig.

45 Vgl. G. Blümle, Einige Gründe für die „Lücke" zwischen Theorie und Praxis in der derzeitigen Umweltpolitik. In: L. Wegehenkel (Hrsg.), Marktwirtschaft und Umwelt. Tübingen 1981, S. 21ff.

einiger Axiome[46], die später im Rahmen der Theorie der faktischen Präferenz (revealed preference) weiterentwickelt und verallgemeinert wurden. Somit war es jetzt zwar möglich, auch ohne die Voraussetzung, daß die Konsumenten eine Nutzenfunktion im Sinne der kardinalen Nutzentheorie besitzen, mit Hilfe der Indifferenzkurvenanalyse unterschiedliche Nutzenniveaus zu bestimmen[47]. Das Gebiet der neoklassischen Analyse wurde dadurch jedoch nicht verlassen, da das Präferenzsystem weiterhin konstant gehalten wurde.

Im Rahmen einer hier als ökonomische Verhaltensforschung bezeichneten Vorgehensweise besteht nun zum einen die Möglichkeit, diese im Sinne etwa von Schmölders als Ergänzung zur traditionellen Konsumtheorie zu verstehen[48]. Demnach tritt mit zunehmendem Wohlstand die zweckrationale, auf ein (mehr oder weniger) klar definiertes Präferenzsystem aufgebaute Konsumentscheidung hinter einem erweiterten Bewegungsspielraum der Wirtschaftssubjekte zurück, der den Erwartungen, Plänen, Ansprüchen und – für die nachfolgende Analyse besonders wichtig – Einstellungen genügend Platz einräumt. Diese Überlegungen greifen im Grunde genommen auf die sogenannten motivationspsychologischen Theorien zurück, wie sie vor allem von Maslow im Rahmen seiner „Bedürfnishierarchie" propagiert wurden[49].

Darüber hinaus existiert eine Fülle von allgemeinen Modellen zum Konsumentenverhalten[50], die grundsätzlich auch auf den Bereich umweltbewußten Konsums übertragbar sind. In neueren Untersuchungen wurden in diesem Zusammenhang vor allem spezielle Energiesparmodelle vorgeschlagen, die etwa den Einfluß der Werte, des Lebensstils, der Überzeugungen und Einstellungen von Konsumenten als Verhaltensdeterminanten spezifizieren, wobei kulturelle und soziale Einflüsse die Modellstruktur ergänzen[51]. Teile der genannten Modelle wurden unter anderem auch von Balderjahn in ein umfassendes „Modell umweltbewußten Konsumentenverhaltens" für die Bundesrepublik integriert, welches als eines der wenigen auch empirisch überprüft wurde[52].

---

46 Vgl. I.M.D. Little, A Reformulation of the Theory of Consumers Behavior. „Oxford Economic Papers", Oxford, vol. 1 (1949), S. 90ff.

47 Vgl. hierzu z.B. H.S. Houthakker, Revealed Preference and the Utility Function. „Economica", London, vol. 17 (1950), S. 159ff.

48 Vgl. G. Schmölders, Zehn Jahre sozialökonomische Verhaltensforschung in Köln. „Ordo – Jahrbuch für die Ordnung von Wirtschaft und Gesellschaft", Stuttgart, Band 14 (1963), S. 260. Im Gegensatz zur Bundesrepublik konnte sich die Verhaltensforschung in den Vereinigten Staaten insbesondere durch die Arbeiten von Katona schon recht frühzeitig etablieren. Vgl. z.B. G. Katona, Die Macht des Verbrauchers. Düsseldorf und Wien 1962.

49 Vgl. A.H. Maslow, Motivation and Personality. New York 1954.

50 Vgl. z.B. J.F. Engel, D.T. Kollat and R.D. Blackwell, Consumer Behavior. 2nd ed., New York 1973, sowie J.A. Howard, Consumer Behavior: Application of Theory. New York 1977.

51 Vgl. die Arbeiten von W.F. van Raaij and T.M.M. Verhallen, A Behavioral Model of Residential Energy Use. „Journal of Economic Psychology", Amsterdam, vol. 3 (1983), S. 39ff., sowie P. Ester, Consumer Behavior and Energy Conservation. Dortrecht 1985.

52 Vgl. I. Balderjahn.

2.4. Möglichkeiten der Verbindung ökonomischer und soziologisch/psychologischer Ansätze

In den meisten der vorliegenden Untersuchungen zum Zusammenhang zwischen Umweltbewußtsein und tatsächlichem Konsumverhalten, die auf Befragungsergebnissen beruhende Panel-Daten auswerten, stehen ökonomische Determinanten neben soziodemographischen und sozialpsychologischen Variablen. Das hinter der Analyse stehende theoretische Modell wird, wenn überhaupt, oftmals nur grob skizziert, die genannten Variablengruppen eklektisch zu einem Erklärungsmodell zusammengefügt[53]. Die Interdependenzen zwischen ökonomischen, soziodemographischen und sozialpsychologischen Variablen werden darüber hinaus nur in wenigen Analysen mit berücksichtigt[54]. Der Grund für eine derartige „theorielose" Vorgehensweise liegt in der Tatsache, daß eine Verbindung von ökonomischen und soziologischen bzw. psychologischen Erklärungsmustern zu einem theoretischen Modell umweltbewußten Konsumentenverhaltens bisher unterblieben ist. Dierkes und Fietkau konstatieren in diesem Zusammenhang eine relative Armut an theoretischen Konzepten bei gleichzeitiger Vielfalt an empirischen Einzelbefunden[55].

Auch dann, wenn – wie zuvor dargelegt – Ökonomie sehr viel mehr als Sozialwissenschaft und somit auch als Verhaltenswissenschaft verstanden werden sollte, als dies üblicherweise geschieht, führt dies noch nicht zu einem theoretischen Modell der Erklärung des Konsumentenverhaltens (auf mikroökonomischer Ebene). Denn die Aufnahme eines REMM als Modellindividuum für die theoretische Analyse ergibt nicht ohne weiteres ein Konsummodell, in dem neben den traditionellen ökonomischen Determinanten des Verbraucherverhaltens Einstellungs- und/oder Meinungsvariablen, also sozialpsychologische Einflußfaktoren Eingang finden[56]. Die entsprechenden Vorschläge solcher Autoren, die der ökonomischen Verhaltensforschung zugerechnet werden können (Schmölders, Katona), lösen sich oftmals vollständig von der nutzenorientierten Analyse. Wenn man allerdings den Boden der traditionellen Analyse nicht gänzlich verlassen und keine neue „Theorie umweltbewußten Konsumentenverhaltens", so wie es der Sachverständigenrat für Umweltfragen fordert, entwickeln will, verbleibt die Möglichkeit der Integration ökonomischer und sozialpsychologischer „Bausteine" zu einem Erklärungsansatz. Zwei derartige Ansätze sollen im folgenden beispielhaft dargestellt werden. Ein wesentliches Kriterium für die Auswahl der Modelle war ihre potentielle Eignung für die Behandlung bzw. Interpretation makroökonomischer Fragestellungen[57].

---

53 Vgl. z.B. H. Gierl, Ökologische Einstellungen und Kaufverhalten im Widerspruch. „Markenartikel", Wiesbaden, Jg. 1987, S. 2ff., W. Adlwarth und F. Wimmer, Umweltbewußtsein und Kaufverhalten – Ergebnisse einer Verbraucherpanel-Studie. „Jahrbuch der Absatz- und Verbrauchsforschung", Berlin, Jg. 41 (1986), S. 166ff.

54 Dies geschieht etwa bei I. Balderjahn.

55 Vgl. M. Dierkes und H.-J. Fietkau, Umweltbewußtsein – Umweltverhalten. (Materialien zur Umweltforschung, Nr. 15.) Wiesbaden 1988, S. 7.

56 Ähnliche Probleme stellen sich bei der theoretischen Begründung des Einflusses von Konsumentenstimmungen, also ebenfalls sozialpsychologischen Determinanten, auf das Konsumverhalten. Vgl. hierzu U. Heilemann and M. Wenke, Attitudes and Consumption in a FRG Macroeconometric Model Context. (Paper presented at the Symposium on Economic Modelling. August 18-20 1992, Göteborg, Schweden.) Unveröff. Manuskript, Essen 1992.

57 Aus diesem Grunde fand z.B. das zuvor erwähnte Modell von Balderjahn keine Berücksichtigung.

2.4.1. Das Modell von Etzioni

Eine bereits angedeutete Möglichkeit, den Zusammenhang zwischen Umweltbewußtsein und Konsumverhalten zu analysieren, besteht darin, den Einfluß veränderten Umweltbewußtseins als Wandel der Präferenzstruktur der Konsumenten zu verstehen. Im Rahmen des gängigen ökonomischen Erklärungsrasters ist allerdings die theoretische Analyse von Wirkungen veränderter Präferenzen auf das Konsumverhalten eher die Ausnahme. McKean und Keller kommen in diesem Zusammenhang zu dem Schluß, daß zwar viele „sophisticated" Nachfrage-Modelle die Möglichkeiten von Präferenzänderungen beinhalten und letztere neben ökonomischen Variablen im Rahmen empirischer Validierung auch signifikante Erklärungsbeiträge liefern, der Konflikt zwischen orthodoxer Theorie und ad hoc-Empirie jedoch oftmals nicht gelöst wird[58].

Die Integration von Präferenzänderungen in ein theoretisches Nachfragemodell unter Zugrundelegung des neoklasssichen Nutzenmaximierungskalküls zeigt Etzioni auf[59]. Die Optimierungsvorschrift enthält neben den Gütern X und Y zunächst zwei weitere Parameter a und b, welche die Veränderungen der Präferenzen des entsprechenden Konsumenten darstellen:

$$\max_{x,y} U(X, Y; a, b). \tag{6}$$

Des weiteren wird als zusätzlicher Bestimmungsfaktor ein sogenannter „emotive factor" in das Maximierungskalkül und somit in die Nachfragefunktion eingeführt. Dieser Faktor stellt die Verbindung zwischen Änderungen der Präferenzstruktur, hervorgerufen durch Variation der Parameter a und b, und den von diesen Präferenzänderungen ausgehenden Nachfragevariationen her. Diese Verbindung wird dadurch geschaffen, daß der emotive factor den Nutzen beeinflußt, der dem Konsumenten durch die Konsumtion beispielsweise des Gutes X entsteht. Unter Berücksichtigung der Budgetbeschränkung mit dem Einkommen I und den Preisen P_x und P_y lautet das erweiterte Nachfragemodell demnach:

$$X = X(E, I, P_x, P_y), \tag{7}$$

$$E = E(a, b). \tag{8}$$

Im Rahmen der hier angestrebten aggregierten Analyse des Zusammenhangs zwischen Veränderungen der Präferenzen und dem Nachfrageverhalten der Haushalte ist eine Aufsplittung des Entscheidungsprozesses der Haushalte gemäß dem Modell von Etzioni allerdings nicht möglich. Aus diesem Grunde kann der Einfluß der Parameter a und b sowie des emotive factor E auf das Nachfrageverhalten der Haushalte im Rahmen der empirischen Analyse lediglich durch die Variable „Umweltbewußtsein der Haushalte" dargestellt werden. Somit wird unterstellt, daß sich Veränderungen der

58 Vgl. J.R. McKean and R.R. Keller, The Shaping of Tastes, Pareto Efficiency and Economic Policy. „Journal of Behavioral Economics", vol. 12 (1982), S. 23ff.

59 Vgl. A. Etzioni, Opening the Preferences: A Socio-Economic Research Agenda. „Journal of Behavioral Economics", vol. 15 (1985), S. 183ff.

präferenzbestimmenden Parameter a und b im individuellen Umweltbewußtsein des Haushalts und somit auch in der genannten, empirisch ermittelten Variablen niederschlagen. Welchen Einfluß Präferenzänderungen (Änderungen des Umweltbewußtseins) auf die Konsumentscheidungen der Haushalte im Endeffekt tatsächlich ausüben, hängt vom nicht beobachtbaren Faktor E ab.

2.4.2. Das Modell von Antonides

Der Ausgangspunkt der Überlegungen von Antonides ist die vergleichende Analyse des ökonomischen Konzepts des Nutzens (utility) und des Konzepts der Einstellung (attitude), letzteres entwickelt im Rahmen der psychologischen Forschung[60]. Vor der Entwicklung des eigentlichen Modells weist er zunächst auf die vielfältigen Zusammenhänge hin[61]:

- Sowohl Nutzen als auch Einstellung beziehen sich auf die Eignung bestimnmter Objekte bzw. Sachverhalte (z.B. Tätigen von Ausgaben) zur Bedürfnisbefriedigung. Für beide Variablen wird vermutet, daß sie Präferenzen repräsentieren und Verhalten beeinflussen.
- Beide Konzepte stehen mit Charakteristiken von Gütern im Zusammenhang.
- Eine weitere Parallele ist bezüglich der empirischen Quantifizierung von Nutzen und Einstellung erkennbar. In diesem Zusammenhang weist Etter auf die Ähnlichkeiten zwischen dem Konzept des erwarteten Nutzens und dem Einstellungs-Konzept hin[62].
- Im Rahmen der Spezifikation sowohl von Nutzen als auch von Einstellungen besteht das Problem, daß beide Variablen nicht direkt meßbar/erfaßbar sind. In der Ökonomie wird der Nutzen indirekt über die Ausgaben für bzw. die Charakteristik von bestimmten Gütern „spezifiziert". In der Psychologie werden Einstellungen ebenfalls oftmals zu Objekt-Eigenschaften in Beziehung gesetzt.

Im Rahmen des ökonomischen Konzepts ist die Berücksichtigung von Restriktionen – wie beispielsweise die Einkommensrestriktion im Zusammenhang mit der Ableitung einer Nachfragefunktion bei Zugrundelegung des Nutzenmaximierungskalküls – bei der Erklärung bzw. Prognose von Konsumentenverhalten üblich. Außerhalb des Gebiets der psychologischen Konsumforschung werden zwar Restriktionen im Rahmen der Erklärung von Verhalten berücksichtigt[63], innerhalb dieses Gebietes jedoch zumeist nicht. Eine Möglichkeit, auch hier Restriktionen einzuführen und somit bei der Erklärung von Konsumentenverhalten auf einer ähnlichen Basis zu stehen wie die

---

60 Vgl. hierzu und dem folgenden G. Antonides, An Attempt at Integration of Economic and Psychological Theories of Consumption. „Journal of Economic Psychology", vol. 10 (1989), S. 78ff.

61 Vgl. G. Antonides, S. 83f.

62 Vgl. W.L. Etter, Attitude Theory and Decision Theory: Where is the Common Ground? „Journal of Marketing Research", vol. 12 (1975), S. 481ff.

63 Vgl. z.B. B.S. Frey and K. Foppa, Human Behavior: Possibilities Explain Action. „Journal of Economic Psychology", vol. 7 (1986), S. 137ff.

ökonomische Konsumforschung, liefern Aijzen und Fishbein[64]. Sie regen an, Angaben der Individuen zu ihren Einstellungen und Erwartungen (attitude statements) als „action under investigation" zu formulieren und somit Quasi-Restriktionen einzuführen. Wird psychologische Konsumforschung auf diese Weise betrieben, ist die Möglichkeit der Integration ökonomischer und psychologischer Theorien der Konsumerklärung gegeben.

Ausgangspunkt des „integrierten" ökonomisch-psychologischen Konsummodells von Antonides ist die Separierung des gesamten nachzufragenden Güterbündels in unterschiedliche Gruppen, die dementsprechend unterschiedliche Wünsche des Individuums befriedigen. Die eine Gruppe enthält solche Güter (X), zwischen denen spezifische Wahlmöglichkeiten bestehen, die zweite Gruppe enthält Güter (Y), die lediglich als Gesamtkomponenten (composite) nachgefragt werden. Die Nutzenfunktion ist somit wie folgt spezifiziert:

$$(9) \qquad U = f\,[h_x(X), h_y(Y)].$$

Während der Teilnutzen h_y lediglich von dem Gesamtgüterbündel Y abhängt, ist der Teilnutzen h_x durch die Bewertung der einzelnen Komponenten des Güterbündels X, mit

$$(10) \qquad X = \sum_{r=1}^{R} x_r$$

determiniert. Die entsprechende Budgetrestriktion lautet somit

$$(11) \qquad \sum_{r=1}^{R} p_{x_r} x_r + p_y Y = I.$$

Diese Aufteilung des Gesamtaggregats X wird deshalb vorgenommen, weil psychologische Determinanten des Konsumentenverhaltens i.d.R. im Zusammenhang mit spezifischen Entscheidungssituationen untersucht werden, die Entscheidungen bezüglich der Nachfrage nach größeren Aggregaten als nicht zu analysierende Tatbestände außer acht lassen[65]. Die Wahl des Individuums zwischen den Teilkomponenten des Güterbündels X kann zum einen von Produkt- oder Haushaltscharakteristiken abhängen, zum anderen – und dies ist wichtig für die vorliegende Fragestellung – von den Einstellungen und Erwartungen des betreffenden Konsumenten. Der Teilnutzen h_x kann somit als eine Funktion bestimmter Einstellungsparameter (A) dargestellt werden:

$$(12) \qquad h_x = g(A).$$

Letztere schließlich können entweder im Rahmen psycho-physikalischer Erklärungsansätze modelliert werden, in denen Einstellungen und Erwartungen eine lineare

---

64 Vgl. I. Aijzen and M. Fishbein, Attitude-Behavior Relations: A Theoretical Analysis and Review of Empirical Research. „Psychological Bulletin", vol. 84 (1977), S. 888ff.

65 Vgl. G. Antonides, S. 91.

Funktion „bewerteter Stimuli" sind[66]. Oder aber Einstellungen werden mit Hilfe bewerteter Meinungsäußerungen (c_k) dargestellt[67]:

(13) $$A = \sum_{k=1}^{K} w_k c_k.$$

mit
w_k : Gewichtungsfaktor.

Da die Einstellungsvariable „Umweltbewußtsein" im allgemeinen und insbesondere im Rahmen empirischer Analysen in der Form einer (bewerteten) Meinungsäußerung vorliegt, wird für die vorliegende Analyse das in der Gleichung (13) dargestellte sozialpsychologische Erklärungsmodell favorisiert.

Um die Ergebnisse des mikroökonomischen Modells, das mit den Gleichungen (9) bis (13) seine formale Darstellung findet, für die nachfolgende makroökonomische Analyse nutzbar zu machen, sind einige Annahmen notwendig. Zunächst ist darauf hinzuweisen, daß „mikroökonomische Fundierung" nicht in jedem Falle so aufgefaßt werden kann, daß die exakte Aggregation über alle mikroökonomischen Nachfragefunktionen die entsprechende Makrorelation ergibt[68]. Vielmehr kann mikroökonomische Fundierung in vielen Fällen lediglich im Sinne einer repräsentativen Interpretation des mikroökonomischen Modellzusammenhangs verstanden werden. Damit ist die Möglichkeit gegeben – dies gilt im übrigen auch für den zuvor dargestellten Ansatz von Etzioni –, daß auch die psychologische Komponente des integrierten Antonides-Modells im Zusammenhang makroökonomischer Analysen Verwendung findet[69]. Voraussetzung hierfür ist allerdings die Möglichkeit der Substitution der mikroökonomischen Variablen durch entsprechende beobachtbare bzw. empirisch meßbare Makrodaten. Dies dürfte insbesondere für die Einstellungsvariablen mit Problemen verbunden sein. Die von dem Modell ableitbare mikro- bzw. makroökonomische Nachfragefunktion ist in der allgemeinen Form mit der der vom Etzioni-Modell abgeleiteten Version identisch, sie lautet:

(14) $$C = C(U, I, P),$$

(15) $$U = U(a, b, Z),$$

mit
C: Konsumausgaben der Haushalte;
U: Umweltbewußtsein der Haushalte;
Z: sonstige Determinanten des Umweltbewußtseins.

66 Vgl. W.E. Saris u.a., The Use of Magnitude Estimation in Large Scale Survey Research. „Mens en Maatschappij", vol. 52 (1977), S. 369ff., zit. nach G. Antonides, S. 90.

67 Vgl. M.J. Rosenberg, Cognitive Structure and Attitudinal Effects. „Journal of Social Psychology", vol. 53 (1956), S. 367ff.

68 Vgl. hierzu auch W. Assenmacher und M. Wenke, Haushaltsproduktion, Frauenerwerbstätigkeit und Dienstleistungsnachfrage privater Haushalte in der Bundesrepublik Deutschland. „Jahrbücher für Nationalökonomie und Statistik", Stuttgart, Band 211 (1993), S. 29.

69 Antonides geht allerdings davon aus, daß die psychologische Komponente vor allem in bezug auf mikroökonomische Analysen des Konsumentenverhaltens gehaltvolle Erklärungsbeiträge liefern kann. Vgl. G. Antonides, S. 96. Insoweit können die hier vorgestellten Überlegungen als eine Erweiterung des Ansatzes auf makroökonomische Fragestellungen verstanden werden.

Im Rahmen der nachfolgenden Analyse wird das Umweltbewußtsein allerdings selbst nicht erklärt, die Überprüfung beschränkt sich also auf Gleichung (14). Somit wurden zwei mögliche mikroökonomische Erklärungsansätze vorgestellt, die beide die zusätzliche Berücksichtigung von Einstellungsvariablen – und hier konkret des Umweltbewußtseins – in makroökonomische Konsumfunktionen zulassen. Die empirische Analyse des Zusammenhangs zwischen den Einstellungen (Umweltbewußtsein) und dem beobachteten Konsumverhalten der Haushalte basiert somit auf einen im oben genannten Sinne „erweiterten" Ansatz, der aufbauend auf dem neoklassischen Modell neben ökonomischen auch sozialpsychologische Faktoren berücksichtigt.

Noch nicht beantwortet wurde die Frage, in welcher Weise Einstellungsvariablen bzw. konkret das Umweltbewußtsein Einfluß auf das Konsumverhalten ausüben. In diesem Zusammenhang stehen grundsätzlich zwei Alternativen zur Verfügung: Entweder das Umweltbewußtsein beeinflußt das Ausgabeverhalten der Konsumenten direkt und unabhängig von den übrigen Determinanten. Dann wäre die entsprechende, empirisch zu erfassende Variable als zusätzliche exogene Größe in das betreffende Erklärungsmodell aufzunehmen. Oder aber der Einfluß des Umweltbewußtseins ist indirekter Natur. Eine solche Annahme kann vor allem aus dem Modell von Antonides abgeleitet werden, da hier der Nutzen selbst von Einstellungsvariablen abhängt (vgl. Gleichung (12)). Wird dies in der Weise interpretiert, daß hiervon auch Änderungen des Präferenzsystems des Individuums ausgehen, und führen diese Veränderungen wiederum zu Variationen der Reaktionen der Konsumenten auf Fluktuationen von Ausgabedeterminanten wie Einkommen und Preise, kann der Einfluß von Einstellungen im Rahmen von Modellen mit variablen Parametern dargestellt werden. Dies bedeutet, die Reagibilitäten selbst sind eine Funktion des Umweltbewußtseins.

Ob mit der dargestellten Vorgehensweise tatsächlich eine Integration verschiedener Ansätze in einen gemeinsamen theoretischen Bezugsrahmen erfolgt ist[70], kann an dieser Stelle nicht abschließend beurteilt werden. Allerdings sollte hiermit die Stufe eines reinen ad hoc-Eklektizismus überwunden sein.

70 Zu dieser Forderung vgl. M. Dierkes und H.-J. Fietkau, S. 6.

Zweites Kapitel

Konsumstruktur und Umweltbelastung

Wie bereits erwähnt, ist wie in den meisten westlichen Industrieländern auch in der Bundesrepublik ein stetiger Anstieg des Anteils der Dienstleistungsausgaben am Gesamtbudget erkennbar (vgl. Tabelle 1). Dieser war jedoch zum einen durch eine sowohl im internationalen Vergleich als auch in Relation zur Dienstleistungsnachfrage der Unternehmen weitaus geringere Dynamik gekennzeichnet. Zum anderen resultierte der Bedeutungszuwachs lediglich aus der überproportionalen Zunahme speziell der Ausgaben für Finanzdienste und Mieten. Die Bedeutung ökologischer Gratiseffekte im Zusammenhang mit Strukturveränderungen innerhalb des Privaten Verbrauchs ist jedoch auch deshalb einer eingehenderen Überprüfung zu unterziehen, weil der Strukturwandel innerhalb der Güterkäufe der privaten Haushalte ebenfalls bedeutende negative bzw. positive Umweltwirkungen entfalten kann. In diesem Zusammenhang wird zunächst auf die Bedeutung als umweltsensibel eingestufter Produkte eingegangen.

1. Die Nachfrage nach „umweltsensiblen" Produkten

Im Rahmen der Analyse des Zusammenhangs zwischen dem Konsumverhalten der privaten Haushalte und den von ihm ausgehenden Umweltbelastungen ist zu vermuten, daß nahezu jede Kaufentscheidung bestimmte, mehr oder weniger starke Umwelteffekte zur Folge hat. Somit ist vorab festzulegen, welche Produktgruppen am ehesten im Rahmen der Konsumtion oder der (Abfall-) Beseitigung negative Wirkungen für die Umweltmedien entfalten. Die Kennzeichnung „umweltsensibel" bedeutet allerdings lediglich, daß eine potentielle Umweltgefährdung vorliegt, eine Schädigung der Umweltmedien durch die nachfolgend aufgeführten Produktgruppen per se wird nicht angenommen.

Für die Einstufung der Produkte als „umweltsensibel" wurden insbesondere folgende Kriterien zugrundegelegt:

- die a priori angenommene Gefährlichkeit für die Umweltmedien im Zusammenhang mit dem Ge- bzw. Verbrauch,
- die Reststoffproblematik der Produkte selbst sowie
- die Verpackungsintensität.

Tabelle 1

Privater Verbrauch nach Ausgabearten

1960 bis 1989; Anteil in vH

Ausgabenart[1]	In jeweiligen Preisen				In Preisen von 1980			
	1960	1970	1980	1989	1960	1970	1980	1989
Verbrauchsgüter	43,0	39,1	36,8	32,8	37,5	38,4	36,8	35,0
Nahrungs-, Genußmittel[1]	31,8	25,6	21,0	18,8	26,2	23,1	21,0	20,1
Energie	3,0	3,8	5,4	4,2	4,4	5,8	5,4	4,6
Haushaltsführung	1,3	1,4	1,2	1,1	0,7	1,2	1,2	1,2
Gesundheits-, Körperpflege	2,1	1,8	1,6	1,9	1,5	1,5	1,6	1,7
Kraftstoff	1,2	2,4	3,5	3,0	1,0	2,8	3,5	3,8
Bildung, Unterhaltung	3,6	4,1	4,1	3,8	3,7	4,0	4,1	3,6
Gebrauchsgüter	27,0	27,4	26,8	27,1	22,2	25,9	26,8	27,6
Kleidung, Schuhe	11,0	10,0	9,5	8,4	10,5	10,1	9,5	8,4
Haushaltsführung	8,0	7,3	7,7	7,5	5,6	6,8	7,7	7,6
Gesundheits-, Körperpflege	0,4	0,5	0,4	0,4	0,3	0,4	0,4	0,4
Verkehr-, Nachrichtenübermittlung	3,1	4,8	4,5	6,4	2,6	4,7	4,5	5,6
darunter: Kraftfahrzeuge	2,4	3,8	3,8	5,5	2,0	3,8	3,8	4,8
Bildung, Unterhaltung	2,5	3,5	3,2	3,1	1,3	2,4	3,2	4,1
Persönliche Ausstattung	2,0	1,3	1,5	1,3	1,9	1,5	1,5	1,5
Dienstleistungen	30,0	33,5	36,4	40,1	40,3	35,7	36,4	37,7
Warenbezogene Dienste	2,3	3,9	4,0	3,7	3,2	5,0	4,0	3,3
Personenbezogene Dienste	11,5	10,2	10,7	11,1	16,4	11,1	10,7	10,4
Transport, Kommunikationsdienste	3,6	3,9	4,1	4,0	4,0	4,1	4,1	4,3
Finanzdienste	1,4	1,7	2,6	3,5	1,6	1,8	2,6	3,2
Wohnungsmieten	9,8	12,2	13,6	16,1	13,0	12,0	13,6	14,9
Eigenverbrauch der priv. Org.[2]	1,4	1,6	1,4	1,7	2,1	1,7	1,4	1,6
Privater Verbrauch im Inland	100,0	100,0	100,0	100,0	100,0	100,0	100,0	100,0

Eigene Berechnungen auf der Grundlage der Konsumverflechtungstabellen des RWI. – [1]Ohne Speisen und Getränke außerhalb. – [2]Ohne Erwerbszweck.

RWI ESSEN

Es sind allerdings weitere Unterscheidungsmöglichkeiten denkbar, so etwa die Frage, ob die potentielle Gefährdung von der Qualität oder der (konsumierten) Quantität des Produktes ausgeht. Insgesamt ist jedoch festzuhalten, daß eine umfassende ökologische Bewertung zur Zeit nicht möglich ist. Dies wäre wohl am ehesten mit Hilfe des Konzepts der Öko-Bilanzen durchführbar, das sich allerdings derzeit noch in der Erprobungsphase befindet[1]. So kann die Einstufung als „umweltsensibel" zunächst

1 Zum Problem der Öko-Bilanzen vgl. z.B. D. Rominski, Wie zuverlässig sind Analysen und Bilanzen? „Absatzwirtschaft", Düsseldorf, Jg. (1991), S. 34ff., sowie G. Blömer und B. Maier, Öko-Bilanz: Schlüssel zum betrieblichen Umweltschutz? „Blick durch die Wirtschaft", Frankfurt, Ausgabe vom 19. März 1991, S. 7.

lediglich im Rahmen einer subjektiven Bewertung vorgenommen werden. Der Vergleich mit anderen Kriterien – etwa dem Umweltzeichen – erlaubt dann gegebenenfalls eine Relativierung der vorgenommenen Einschätzung.

Der erste Versuch einer Abschätzung basiert auf den Daten der Konsumverflechtungstabellen des RWI, die eine Analyse des Privaten Verbrauchs, gegliedert nach 60 Lieferbereichen und 71 Ausgabearten, ermöglichen[2]. Bereits an dieser Stelle ist jedoch darauf hinzuweisen, daß die Verflechtungstabellen, die einen Teilbereich der Input-Output-Tabellen darstellen, für eine Analyse einzelner Produkte oder kleinerer Produktgruppen nicht hinreichend tief gegliedert sind. Somit können die in Übersicht 1 ausgewiesenen Felder der Verflechtungstabellen, die die Lieferungen als umweltsensibel eingestufter Produkte der jeweiligen Sektoren an die entsprechende Ausgabenart zusammenfassen, auch solche Produkte bzw. -gruppen enthalten, die eigentlich als umweltfreundlich einzustufen sind. Allerdings sind durchaus Rückschlüsse auf die tatsächliche Bedeutung umweltgefährdender Produkte für den Privaten Verbrauch möglich.

Wie die Übersicht verdeutlicht, wird die Mehrzahl der Produkte vor allem bezüglich der Abfallbeseitigung als potentiell umweltgefährdend eingestuft. Nur wenige Produkte „entfalten" ihre Umweltgefährdung beim eigentlichen Ver- bzw. Gebrauch durch die Konsumenten. Die hier betroffenen Umweltmedien sind vorwiegend Wasser und Luft. Zu den relevanten Erzeugnissen gehören neben der Energie die Wasch-, Putz- und Reinigungsmittel sowie Anstrichfarben, Klebstoffe, Verdünnungen und Kraftstoffe. Etwas überraschen mag die Aufnahme der Getränke in die Gruppe umweltsensibler Produkte. Neben den ebenfalls berücksichtigten Fertiggerichten müssen jedoch vor allem Getränke zu den Produkten mit einer vergleichsweise hohen „Verpackungsintensität" gerechnet werden und dürften daher insbesondere bezüglich der Abfallbeseitigung als umweltsensibel gelten. In diesem Zusammenhang ist neben den in der Übersicht erwähnten Kriterien für die Kennzeichnung der Produktgruppen als potentiell umweltgefährdend auf ein weiteres Unterscheidungsmerkmal hinzuweisen, das im Hinblick auf die letztgenannten Erzeugnisgruppen relevant erscheint. Neben einer qualitativen Komponente – das entsprechende Produkt stellt schon bei einem vergleichsweise geringen Ge- bzw. Verbrauch eine Gefährdung dar – ist bei den meisten aufgeführten Produktgruppen vor allem die quantitative Komponente von Bedeutung. Dies gilt neben den erwähnten verpackungsintensiven Produkten im besonderen Maße für Erzeugnisse aus Kunststoffen und Papierwaren sowie Druckereierzeugnisse, bei denen die Abfallmenge bzw. das Volumen ein Umweltproblem darstellt. Im Gegensatz dazu spielen bei den anderen Produktgruppen, wie den chemischen Erzeugnissen und den Produkten zur Energiegewinnung, neben auch hier vorhandenen Mengenproblemen qualitative Gesichtspunkte – Gefährdung der Umwelt durch das einzelne Produkt – eine bedeutendere Rolle.

Zunächst ist festzuhalten, daß den als umweltsensibel eingestuften Produkten des Privaten Verbrauchs im Rahmen der Verbrauchsgüter keine besonders große Bedeu-

---

2 Zur Konzeption und Berechnung der Konsumverflechtungstabellen vgl. R. Döhrn, Der Private Verbrauch in der Bundesrepublik Deutschland 1960 bis 1985. (RWI-Papiere, Nr. 18.) Essen 1987.

Übersicht 1

Sytematisierung „umweltsensibler“ Verbrauchsgüter

Feld[1]	Lieferbereich/Ausgabenart RWI		Produkte nach SEA[2]	„umweltsensibel“ bzgl.[3]		betroffenes Umweltmedium
				Konsum	seitigung	
2 32	Forstwirtschaft	/ Feste Brennstoffe	Holzkohle, Brennholz, -torf	X		Luft
6 32	Kohlebergbau	/ Feste Brennstoffe	Stein-, Braunkohle, Koks	X		Luft
9 39	Chemie	/ Verbrauchsgüter Haushaltsführung	Wasch-, Putz-, Reinigungsmittel	X		Wasser
9 41		/ Tapeten	Anstrichfarben, Klebstoffe, Verdünnungen u.ä.	X	X	Luft/Wassser
9 44		/ Verbrauchsgüter Gesundheit	Arzneimittel		X	Wasser/Boden
9 47		/ Verbrauchsgüter Körperpflege	Duftwässer, Haar-, Haut-, Mundpflege u.ä.	X	X	Luft/Wasser
9 54		/ Zubehör (KFZ)	Reifen, Schläuche, Lack- und Pflegemittel, Bremsflüssigkeit u.ä.		X	Wasser/Boden
9 65		/ Verbrauchsg. Bildung u. Unterhaltung	Schreib- u.a. Bürogeräte, Verbrauchsgüter Foto und Kino, Batterien		X	Boden
9 69		/ Pflanzen	Dünge- und Schädlingsbekämpfungsmittel, Arzneimittel für Tierhaltung	X		Boden
10 31	Mineralöl	/ Heizöl	Heizöl, Petroleum, Brennspiritus	X		Luft
10 53		/ Kraftstoff	Kraftstoffe, Motorenöl, Schmiermittel	X	X	Luft
11 23	Kunststoffe	/ Wäsche	Wäsche aus Kunststoffen		X	Boden
11 25		/ Schuhe	Schuhe aus Kunststoffen		X	Boden
11 38		/ Gebrauchsgüter Haushaltsführung	Geschirr u.a. Gebrauchsgüter für die Haushaltsführung aus Kunstoff		X	Boden
11 39		/ Verbrauchsgüter Haushaltsführung	Einweggeschirr, Kunststoff-, Alufolien, Handarbeitsgeräte u.ä.		X	Boden
11 65		/ Verbrauchsg. Bildung u. Unterhaltung	Schreib-, Zeichen- und Bürogeräte aus Kunststoff		X	Boden
12 54	Gummi, Asbest	/ Zubehör KFZ	Zubehör-, Einzel- und Ersatzteile aus Gummi bzw. Asbest	X	X	Waser/Boden
30 32	Holz	/ Feste Brennstoffe	Holzabfälle aus der Holzbearbeitung	X		Luft
32 39	HZPP	/ Verbrauchsgüter Haushaltsführung	Servietten, Zellstoffrollen usw.		X	Boden
33 39	Papierwaren	/ Verbrauchsgüter Haushaltsführung	Papiertischdecken, Filterpapier, Packpapier		X	Boden
33 41		/ Tapeten	Tapeten		X	Boden
34 64	Druckerei	/ Bücher	Zeitungen, Zeitschriften usw.		X	Boden
38A 14	Nahrungsmittel	/ Fertiggerichte	Fertiggerichte		X	Boden
39 15	Getränke	/ Limonaden	Alkoholfreie Getränke		X	Boden
39 17		/ Alkohol	Alkoholische Getränke		X	Boden

[1]Feldnummer der Konsumverflechtungstabellen des RWI bzgl. Lieferbereich bzw. Ausgabenart. Vgl. hierzu R. Döhm, Übersicht 2 und 3. – [2]Produktgruppen der Systematik der Einnahmen und Ausgaben der privaten Haushalte (SEA) des Statistischen Bundesamtes von 1983. – [3]Zuordnung nach dem Schwerpunkt der Umweltrelevanz des jeweiligen Prozesses; vgl. dazu die Erläuterungen im Text.

RWI ESSEN

Tabelle 2

Bedeutung „umweltsensibler" Produkte für die Verbrauchsgüterausgaben der privaten Haushalte

1960 bis 1989; Anteil in vH

Produktgruppen	In jeweiligen Preisen				In Preisen von 1980			
	Jahresdurchschnitt			1989	Jahresdurchschnit			1989
	1960 bis 1969	1970 bis 1979	1980 bis 1989		1960 bis 1969	1970 bis 1979	1980 bis 1989	
Energie, Kraftstoffe	8,95	13,43	15,05	12,77	15,79	16,77	16,66	16,15
Holzkohle	0,16	0,08	0,10	0,10	0,23	0,09	0,17	0,20
Kohle	2,52	1,24	0,93	0,61	5,03	1,32	0,80	0,49
Holzabfälle	0,19	0,09	0,10	0,11	0,51	0,10	0,19	0,23
Heizöl	1,49	3,73	4,48	2,35	4,73	6,59	5,20	3,92
Kraftstoffe	4,59	8,29	9,44	9,60	5,29	8,67	10,3	11,31
Chemie	7,46	7,77	8,03	8,47	6,24	6,74	7,65	7,35
Verbrauchsg. Haushaltsführung	2,38	2,49	2,16	2,01	1,79	2,11	2,22	2,00
Farben u.a.	0,26	0,37	0,39	0,35	0,26	0,34	0,39	0,33
Arzneimittel	2,46	2,54	3,08	3,57	2,27	2,28	2,64	2,56
Körperpflege	1,84	1,58	1,52	1,66	1,47	1,28	1,52	1,60
Kfz-Zubehör	0,19	0,26	0,25	0,24	0,14	0,24	0,25	0,23
Schreibgeräte	0,25	0,40	0,47	0,47	0,24	0,37	0,47	0,47
Düngemittel	0,08	0,13	0,16	0,17	0,07	0,12	0,16	0,16
Kunststoff, Gummi, Asbest	1,62	1,66	1,79	2,06	1,53	1,56	1,72	1,92
Wäsche	0,10	0,09	0,06	0,06	0,10	0,08	0,06	0,06
Schuhe	0,22	0,18	0,23	0,23	0,29	0,18	0,22	0,21
Geschirr	0,61	0,62	0,73	0,88	0,61	0,60	0,70	0,80
Schreibgeräte	0,07	0,13	0,15	0,18	0,06	0,12	0,14	0,17
Kfz-Zubehör	0,62	0,64	0,62	0,71	0,47	0,58	0,60	0,68
Papier, Pappe, Druckereizeugnisse	1,08	1,10	1,22	1,38	0,99	0,98	1,20	1,28
Servietten u.ä.	0,04	0,05	0,06	0,08	0,03	0,04	0,06	0,08
Tischdecken u.ä.	0,33	0,36	0,53	0,66	0,25	0,31	0,53	0,64
Tapeten	0,43	0,37	0,28	0,25	0,44	0,34	0,28	0,24
Zeitungen	0,28	0,32	0,35	0,39	0,27	0,29	0,33	0,32
verpackungsint. Produkte	7,03	7,14	6,67	7,05	5,87	5,97	6,62	7,13
Fertiggerichte	0,22	0,37	0,87	1,15	0,19	0,32	0,91	1,42
Getränke	6,81	6,77	5,80	5,90	5,68	5,65	5,71	5,71
Anteil an den Verbrauchsgütern insgesamt	26,14	31,10	32,76	31,73	30,42	32,02	33,85	33,83
nachrichtl. in Mrd. DM	25,44	61,24	109,79	117,37	50,93	79,16	100,86	107,96
Anteil am Privaten Verbrauch	11,13	12,09	11,67	11,31	10,42	11,07	11,08	9,92

Eigene Berechnungen auf der Grundlage der Konsumverflechtungstabellen des RWI.

RWI ESSEN

tung zukommt. Die Ausgaben der privaten Haushalte für die erwähnten Produktgruppen haben sich im Durchschnitt der achtziger Jahre im Vergleich zu den sechziger Jahren in realer Rechnung auf 100 Mrd. DM in etwa verdoppelt, nominal jedoch auf ca. 110 Mrd. DM vervierfacht (vgl. Tabelle 2). Diese Entwicklung entspricht allerdings der des Privaten Verbrauchs insgesamt, so daß der Anteil umweltsensibler Produkte am Gesamtverbrauch mit etwa 11 vH im Durchschnitt der Jahre 1960 bis 1989 konstant geblieben ist. Der Anteil an den Verbrauchsgüterausgaben ist demgegenüber um gut 3 vH-Punkte auf etwa (real) 34 vH im Durchschnitt der achtziger Jahre angestiegen.

Die quantitative Bedeutung der einzelnen Produktgruppen ist jedoch sehr unterschiedlich. Etwa die Hälfte der Ausgaben für potentiell umweltschädliche Produkte entfällt auf Kraftstoffe – der entsprechende Anteilswert hat sich gegenüber den sechziger Jahren auf 10 vH verdoppelt – und Heizöl, dessen Verbrauch in den achtziger Jahren im Vergleich zu den gesamten Verbrauchsgüterausgaben jedoch nur unterproportional zugenommen hat[3]. Deutliche Anteilsverluste sind für die Ausgaben für Kohle erkennbar, mit 0,8 vH im Durchschnitt der achtziger Jahre bzw. nur 0,5 vH im Jahre 1989 spielt diese Ausgabenposition kaum noch eine Rolle. Weniger bedeutsam sind die Ausgaben für Holzkohle und Holzabfälle, letztere weisen jedoch wieder eine steigende Tendenz auf.

Im Zusammenhang mit der Diskussion um Verbraucherverhalten und Umweltgefährdung spielt das Stichwort „Chemie im Haushalt" eine herausragende Rolle. Vor allem den Wasch-, Putz- und Reinigungsmitteln wird ein Großteil der den privaten Haushalten zuzuschreibenden Verunreinigungen insbesondere der Gewässer angelastet. Die diesbezüglichen Ausgaben sind seit den sechziger Jahren etwas stärker als die für Verbrauchsgüter insgesamt gewachsen, der Anteil stieg von 1,8 vH auf 2,2 vH. In jüngster Zeit nehmen die Ausgaben jedoch nur noch unterproportional zu. Dies gilt der Tendenz nach auch für die anderen von der chemischen Industrie bezogenen Erzeugnisse wie Farben und Lacke, Körperpflegemittel und Kfz-Zubehör sowie Schreibgeräte und von den Haushalten eingesetzte Düngemittel. Überraschen mag der Nachweis der Arzneimittel als umweltsensible Produkte, die bei den aufgeführten chemischen Produkten mit 2,6 vH im Durchschnitt der achtziger Jahre den größten Posten ausmachen. Der Grund hierfür liegt in der Tatsache, daß ungenutzte Arzneimittel ein immer größer werdendes Abfallproblem darstellen, vor allem auch deshalb, weil Arzneimittel als Sondermüll entsorgt werden müssen[4]. Die aufgeführten chemischen Produkte erzielen mit insgesamt 7,7 vH der Verbrauchsgüter den zweithöchsten Anteilswert.

Bezüglich der Kunststoffprodukte strittig ist die Frage, ob hierbei vor allem ein Qualitätsproblem oder aber ein Quantitätsproblem vorliegt. Die diesbezüglichen

3 Der Energieträger Strom wurde nicht als „umweltsensibel" in dem hier vorliegenden Sinne eingestuft, weil die von ihm ausgehenden Umweltgefährdungen ausschließlich im Rahmen der Erzeugung und nicht beim Verbrauch entstehen.

4 In diesem Zusammenhang ist eine Untersuchung der Technikerkrankenkasse zu erwähnen, der zufolge ein hoher Anteil der den Haushalten zugekommenen Arzneimittel ungenutzt bleibt und die demnach völlig überflüssig sind.

umweltpolitischen Zielfestlegungen zu Kunststoffverpackungen beispielsweise berücksichtigen beide Problembereiche. So werden zum einen Maßnahmen zur volumenarmen Erfassung (Mengenproblem), aber auch der Verzicht auf gesundheitsgefährdende Bestandteile von Kunststoffverpackungen gefordert[5]. Die Abbildung der tatsächlichen Nachfrageentwicklung von Kunststofferzeugnissen ist mit dem hier verfügbaren Datenmaterial allerdings nur sehr eingeschränkt möglich, da im Rahmen der Konsumverflechtungstabellen nur solche Produkte als Lieferungen der Kunststoffindustrie ausgewiesen werden, die hauptsächlich aus Kunststoffen bestehen. Da ein Großteil der Gebrauchsgüter wie Einrichtungsgegenstände, Haushaltsgeräte oder Produkte der Unterhaltungselektronik bedeutende Kunststoffbestandteile enthalten, ist der in der Tabelle ausgewiesene Anteilswert von ca. 1 vH wenig aussagefähig.

Im Bereich des Kfz-Zubehörs spielten vor allem Asbestprodukte eine bedeutende Rolle. Der Anteilswert der Lieferungen der Asbestindustrie (einschl. Gummi) stieg jedoch nur leicht von ca. 0,5 vH in den sechziger auf 0,6 vH in den achtziger Jahren (bzw. 0,7 vH im Jahre 1989). Aufgrund des weitgehenden Verbots der Verarbeitung von Asbest dürfte diese Produktgruppe in der jüngsten Zeit allerdings keine Bedeutung mehr haben.

Die realen Ausgaben der Haushalte für Produkte der Papier- und Pappeindustrie haben sich in den sechziger und siebziger Jahren in etwa proportional zu den Verbrauchsgüterausgaben entwickelt, in den achtziger Jahren ist der Anteilswert leicht von 1 vH auf 1,2 vH (bzw. 1,3 vH 1989) gestiegen. Impulse gingen vor allem von der Nachfrage nach Papiertischdecken u.ä. mit einem Anstieg des Anteilswertes von 0,25 vH auf 0,53 vH und Zeitungen, Zeitschriften usw. aus. Demgegenüber sind die Ausgaben für Tapeten deutlich langsamer als die für Verbrauchsgüter gestiegen, vor allem bedingt durch die bis in die jüngere Vergangenheit andauernde schwache Bautätigkeit. Neben dem Mengenproblem bei der Abfallbeseitigung sind Erzeugnisse aus Papier aufgrund des Verbrauchs wertvoller Rohstoffe, wie Holz, bei der Produktion in zunehmendem Maße in der umweltpolitischen Diskussion.

Neben den bereits aufgeführten Produktgruppen werden, wie erwähnt, die als „verpackungsintensiv" gekennzeichneten Fertiggerichte und Getränke in die Analyse einbezogen. Nicht die Produkte selbst bzw. deren Abfallbeseitigung stellen ein Umweltproblem dar, sondern die Verpackung dieser Erzeugnisse wird im Hinblick auf ihre Umweltrelevanz zunehmend kritisch gesehen. Während der Anteilswert der Ausgaben für Getränke mit ca. 5,7 vH über den gesamten Untersuchungszeitraum stabil blieb, ist für die Fertiggerichte insbesondere in jüngster Zeit eine explosionsartige Zunahme zu verzeichnen. Dies ist maßgeblich auf die Verbreitung neuer Zubereitungsmöglichkeiten etwa mit Hilfe des Mikrowellengerätes zurückzuführen. Anhand dieses Beispiels ist erkennbar, welche umweltrelevanten Wirkungen auch solche technischen Innovationen nach sich ziehen können, denen zunächst positive Umwelteffekte – etwa Energieeinsparung – zugeschrieben werden.

---

5 Vgl. den Beschluß des Bundeskabinetts vom 17. Januar 1990 über Zielfestlegungen zur Vermeidung, Verringerung und Verwertung von Verkaufsverpackungen aus Kunststoff für Konsumgüter.

Bei der Interpretation dieser Ergebnisse ist jedoch zweierlei zu berücksichtigen. Zum einen sei daran erinnert, daß die meisten der aufgeführten Produkte neben dem eigentlichen Konsumakt bzw. der Abfallbeseitigung insbesondere auch bezüglich der Produktion als umweltgefährdend eingestuft werden können. Zum anderen wurde mit der Entwicklung der Ausgaben eine Stromgröße analysiert, die hieraus resultierenden Umweltbelastungen stellen demgegenüber zumindest teilweise Bestandsgrößen dar (zu denken ist hierbei etwa an die zunehmenden „Müllberge" bzw. den immer knapper werdenden Deponieraum), die sich im Zeitablauf kumulieren und zumeist erst ab einem „kritischen Wert" überhaupt wahrgenommen werden. Darüber hinaus bedeutet auch ein im Zeitablauf stabiler Anteilswert, daß die betreffende Nachfrage mit den Gesamtausgaben zunimmt, der Zuwachs des Privaten Verbrauchs so z.B. auch eine Zunahme der zusätzlichen Abfallmenge zur Folge hat.

Da eine genaue Zuordnung der Umweltschäden zu den einzelnen umweltsensiblen Produktgruppen nicht in allen Fällen möglich ist, soll nachfolgend ein Versuch unternommen werden, die Bedeutung umweltfreundlicher – und damit das Gefährdungspotential reduzierender – Produkte in ausgewählten Verbrauchssegmenten aufzuzeigen.

2. Die Bedeutung umweltverträglicher Produkte

Als Alternative zu dem Versuch, die Bedeutung „umweltsensibler" Produkte zu quantifizieren, bietet sich die Möglichkeit, die Rolle umweltfreundlicher Produkte zu analysieren. Hierbei stellt sich zunächst die Frage, welche Kriterien erfüllt sein müssen, um Erzeugnisse mit dem Etikett „umweltfreundlich" versehen zu können. Eine vergleichsweise objektive Möglichkeit der Beurteilung bietet das Umweltzeichen („Blauer Engel"), das Produkte als umweltfreundlich einstuft. Mit dem Umweltzeichen können solche Produkte versehen werden, die „sich im Vergleich zu anderen, dem gleichen Gebrauchszweck dienenden Produkten bei einer ganzheitlichen Betrachtung, unter Beachtung aller Gesichtspunkte des Umweltschutzes, einschließlich eines sparsamen Rohstoffeinsatzes, durch besondere Umweltfreundlichkeit auszeichnen, ohne daß dadurch ihre Gebrauchstauglichkeit wesentlich verschlechtert oder ihre Sicherheit beeinträchtigt wird"[6].

Die Ziele, die seit der Einführung dieses Zeichens im Jahre 1977 verfolgt werden, sind u.a. die Stärkung der Umweltpolitik, Information der Verbraucher, Schaffung von Wettbewerbsanreizen, Beschleunigung des technischen Wandels und Anpassung an die technische Fortentwicklung und Marktsituation, Erreichen eines angemessenen Verhältnisses von Umweltschutzqualität, Gebrauchstauglichkeit und Sicherheit sowie Verläßlichkeit der Werbung mit Umweltschutzargumenten[7]. Vor allem die letztgenannte Zielsetzung ermöglicht eine eindeutige Zuordnung der Produkte bzw. Produktgruppen zu umweltfreundlichen Erzeugnissen im oben erwähnten Sinne, im Gegen-

---

6 Umweltbundesamt (Hrsg.) [I], Merkblatt Umweltzeichen. Berlin 1990, S. 1.

7 Vgl. Umweltbundesamt (Hrsg.) [II], Das Umweltzeichen. Ziele – Hintergründe – Produktgruppen. Berlin 1990, S. 4f.

Tabelle 3

Struktur der mit dem Umweltzeichen versehenen Produkte

1990; in vH

Produktgruppe	Anteil
Kraftfahrzeuge und Verkehr	4,3
Kraftfahrzeuge und Mofas	1,2
Kfz-Zubehör	1,9
Waschanlagen	0,6
Umweltfahrkarten	0,6
Energie und Wasser	29,7
emissionsarme und energiesparende Wärmegeräte	26,6
wassersparende Geräte und Einrichtungen	3,1
Baubereich	39,7
Lacke und Anstrichstoffe	33,0
Produkte aus Recycling-Kunststoffen bzw. Altgummi	3,7
Tapeten und Baustoffe aus Papierrecycling	1,3
Baustoffe aus Altglas	0,4
Isolierglas	0,3
lärmarme Baumaschinen	1,0
Garten	6,4
lärmarme Gartenmaschinen	1,1
Streu- und Düngemittel	2,6
Kettenschmiermittel für Motorsägen	2,7
Haushalt und allgemeiner Bedarf	14,9
Produkte aus Altpapier	10,9
Rohrreiniger	0,8
Schädlingsbekämpfungsmittel für Innenräume	0,6
Farbbandkassetten u.ä., Batterien	0,6
Produkte aus Holz	1,4
solarbetriebene Rechner und mechanische Uhren	0,6
Verpackungen	3,9
Mehrwegflaschen	2,8
Altglassammelaktionen und Altglascontainer	0,8
Industrieverpackungen	0,3
Sonstige	1,1
Insgesamt	100,0

Nach Angaben im Deutschen Instituts für Gütesicherung und Kennzeichnung (Hrsg.) RWI ESSEN

satz zu der weitgehend unkontrollierten Bezeichnung der Produkte mit Attributen wie „öko-", „bio-" oder „Natur-" durch die Hersteller[8].

Bis zum Ende des Jahres 1990 waren ca. 3 600 Einzelprodukte in 67 Produktgruppen mit dem Umweltzeichen versehen, wobei sich der Zuwachs der Neuauszeichnungen

8 Die konkreten Gründe für die Vergabe des Umweltzeichens bei den einzelnen Produktgruppen sind in Deutsches Institut für Gütesicherung und Kennzeichnung (Hrsg.), Umweltzeichen. Produktanforderungen, Zeichenanwender und Produkte. Bonn 1990, enthalten.

in jüngster Zeit von noch 700 bzw. 600 Produkten in den Jahren 1988 bzw. 1989 auf gut 300 im Jahre 1990 verringert hat. Das Gewicht der gekennzeichneten Produkte liegt eindeutig in den Bereichen Energie und Wasser – fast 30 vH aller Einzelprodukte sind diesem Segment zuzurechnen – sowie im Baubereich (vgl. Tabelle 3). Hier zählen die Lacke und Anstrichstoffe mit 33 vH zu der wichtigsten Einzelgruppe. Eine größere Bedeutung bei den Erzeugnissen im Haushaltsbereich haben Produkte aus Alt- bzw. Recyclingpapier mit etwa 11 vH aller ausgezeichneten Umweltprodukte. Bei den Verpackungen wurden vor allem Mehrwegflaschen als umweltfreundlich eingestuft, im Zusammenhang mit den dem Gartenbereich zuzurechnenden Produkten spielen Streumittel und nicht dem täglichen Konsum angehörende Güter wie Kettenschmiermittel für Motorsägen eine größere Rolle. Im Verkehrsbereich schließlich gehören insbesondere asbestfreie Kfz-Zubehörteile zu den mit dem Umweltzeichen versehenen Produkten. Um einen Überblick zu bekommen, in welchen der zuvor als umweltsensibel eingestuften Verbrauchssegmenten bereits heute umweltverträglichere Alternativen bestehen, wurden die mit dem Umweltzeichen versehenen Produkte den Erzeugnisgruppen der Konsumverflechtungstabellen zugeordnet (vgl. Übersicht 2). Die Zuordnung erfolgte sowohl unter dem Gesichtspunkt der Substitution potentiell umweltgefährdender Produkte durch solche mit dem Umweltzeichen – wie etwa bei Lacken, asbestfreiem Kfz-Zubehör oder recyclinggerechten Druckerzeugnissen – als auch unter dem Gesichtspunkt, daß ausgezeichnete Erzeugnisse als Hilfsmittel zur Vermeidung bzw. Reduktion des Verbrauchs umweltschädlicher Waren herangezogen werden können. Zur letztgenannten Gruppe gehören z.B. energiesparende Haushaltsgeräte oder schadstoffmindernde Abgaskatalysatoren. Welche Bedeutung den umweltfreundlichen Erzeugnissen im Rahmen der Ausgaben der Haushalte zukommt, kann allerdings mit dem zur Verfügung stehenden Datenmaterial nicht beantwortet werden, da kaum Informationen über das Marktpotential der mit dem Umweltzeichen versehenen Produkte vorliegen. Die Anzahl der jeweiligen Produkte allein ist in diesem Zusammenhang nicht aussagefähig, da auf dieser Grundlage keine Abschätzung der erzielten Umsätze bzw. Marktanteile möglich ist.

3. Umweltwirkungen einer veränderten Konsumstruktur

Die Analyse der vorangegangenen Abschnitte ergab, daß sich zum einen die Bedeutung als „umweltsensibel" eingeschätzter Produktgruppen im langfristigen Vergleich nicht wesentlich verändert hat, daß aber zum anderen die Umweltbelastungen, die von diesen Produkten ausgehen, durch die zunehmende Rolle „umweltfreundlicher" Produktvarianten möglicherweise zurückgegangen sind. Allerdings sind anhand dieser Ergebnisse kaum Aussagen im Hinblick auf die hiervon ausgelösten Umweltwirkungen möglich. Nachfolgend sollen aus diesem Grunde bereits an anderer Stelle vorgelegte Ergebnisse für den Privaten Verbrauch detaillierter dargestellt werden.

Bereits vorliegende Untersuchungen ergaben, daß die dem Privaten Verbrauch zurechenbaren Emissionen bei den meisten Schadstoffarten innerhalb des Zeitraums der Jahre 1980 bis 1986 zum Teil erheblich zurückgegangen sind[9]. So verminderten sich die dem Privaten Verbrauch zuzurechnenden SO_2-Emissionen um 28 vH, die NO_x- und

9 Vgl. R. Graskamp u.a., S. 118ff.

Übersicht 2

Zuordnung der mit dem Umweltzeichen versehenen Produkte zu den Produktgruppen der Konsumverflechtungstabellen

Feld[1]	Produkte nach SEA[2]	RAL UZ[3]	Produktbezeichnung
2 32	Holzkohle, Brennholz, -torf	-	-
3 29	Stromverbrauch, incl. Grundgebühr	-	energiesparende und FCKW-freie Kühl- und Gefriergeräte, Energiesparlampen[4]
6 32	Stein-, Braunkohle, Koks	-	-
9 39	Wasch-, Putz- und Reinigungsmittel	24	mechanische Rohrreiniger
9 41	Anstrichfarben, Klebstoffe, Verdünnungen	12 a/b	schadstoffarme Lacke / Pulverlacke
9 44	Arzneimittel	-	-
9 47	Duftwässer, Haar-, Haut- und Mundpflege u.ä.	3	luftentlastende Haarsprays u.ä.
9 54	Reifen, Schläuche, Lack- und Pflegemittel, Bremsflüssigkeit u.ä.	1	runderneuerte Reifen
9 65	Schreib- u.a. Bürogeräte, Verbrauchsgüter	16	Zink-Luft-Batterien
	Foto und Kino, Batterien	50	quecksilber- und cadmiumfreie Lithium-Batterien
		55	mehrfach verwendbare Farbbandkassetten u.ä.
9 69	Dünge- und Schädlingsbekämpfungsmittel,	34	insektizidfreie Schädlingsbekämpfungsmittel
	Arzneimittel für Tierhaltung	45	Bodenverbesserungsmittel aus Kompost
10 31	Heizöl, Petroleum, Brennspiritus	9	emissionsarme Ölzerstäubungsbrenner
		46	energiesparende Ölbrenner-Kesseleinheiten
10 53	Kraftstoffe, Motorenöl, Schmiermittel	31	Kraftfahrzeuge mit Abgasreinigung
		58	schadstoffmindernde Nachrüstkatalysatoren
		51	Umweltfahrkarte
11 23	Wäsche aus Kunststoffen	-	-
11 25	Schuhe aus Kunststoffen	-	-
11 38	Geschirr u.a. Gebrauchsgüter für die Haushaltsführung aus Kunstoff	-	-
11 39	Einweggeschirr, Kunststoff-, Alufolien, Handarbeitsgeräte u.ä.	T.a. 30 a	Müllsäcke u.ä. aus Recyclingkunststoffen
11 65	Schreib-, Zeichen-, Bürogeräte aus Kunststoff	-	-
12 54	Kfz-Zubehör-, Einzel- und Ersatzteile	11	asbestfreie Bremsbeläge
	aus Gummi bzw. Asbest	20	asbestfreie Kupplungsbeläge
30 32	Holzabfälle aus der Holzbearbeitung	-	-
32 39	Servietten, Zellstoffrollen usw.	5	Hygienepapier aus Altpapier
33 39	Papiertischdecken, Filterpapier, Packpapier	56	Recyclingkarton
		65	ungebleichtes Filterpapier
33 41	Tapeten	35	Tapeten aus Papierrecycling
34 65	Zeitungen, Zeitschriften usw.	15	recyclinggerechte Druckerzeugnisse
		14	Recyclingpapier
38A 14	Fertiggerichte	-	-
39 15/	Alkoholfreie Getränke	2	Mehrwegflaschen
39 17	Alkoholische Getränke	4	Altglas-Sammelaktion

[1]Feldnummer der Konsumverflechtungstabellen des RWI bzgl. Lieferbereich bzw. Ausgabenart. Vgl. hierzu R. Döhrn, Übersicht 2 und 3. – [2]Produktgruppen der Systematik der Einnahmen und Ausgaben der privaten Haushalte (SEA) des Statistischen Bundesamtes von 1983. – [3]Umweltzeichen-Nr. des Deutschen Instituts für Gütesicherung und Kennzeichnung, Bonn; T.a.: Teil aus. – [4]Zu Beginn des Jahres 1991 liegen lediglich Prüfaufträge vor.

RWI ESSEN

CO_2-Emissionen um 8 bzw. 12 vH sowie die Industrieabwasser-Einleitungen um 28 vH, obwohl die Konsumausgaben der Haushalte um 8 vH über dem Wert des Jahres 1980 lagen. Proportional erhöhten sich allerdings die entsprechenden Kühlwassereinleitungen und deutlich überproportional (30 vH) die anfallenden Produktionsabfälle.

Vor dem Hintergrund dieser Entwicklungstendenzen bleibt jedoch zunächst unbeantwortet, inwieweit der intersektorale oder der intrasektorale Strukturwandel (auf Produktebene) des Privaten Verbrauchs bzw. Veränderungen der Produktionsprozesse zu den entsprechenden Veränderungen der Schadstoffemissionen beigetragen haben. Überprüfen läßt sich auf der hier vorliegenden Aggregationsebene lediglich die Bedeutung des intersektoralen Strukturwandels.

Die These, daß die private Endnachfrage nur in vergleichsweise geringem Umfang zum Vordringen des tertiären Sektors beigetragen hat, wird wie schon bei der Analyse der Ausgabearten (vgl. Tabelle 1) auch bei der Betrachtung der Strukturveränderungen auf der Ebene der Lieferbereiche bestätigt. So weisen neben Sektoren des Grundstoffe produzierenden sowie des Verarbeitenden Gewerbes die des Dienstleistungsbereiches oftmals Anteilsverluste auf (vgl. Tabelle 4). Dem Strukturwandel des Privaten Verbrauchs (gemessen an den Anteilsveränderungen) wurden die Anteilsveränderungen der dem Privaten Verbrauch zurechenbaren Emissionen gegenübergestellt. Oftmals stimmte das Ausmaß, in Einzelfällen sogar die Richtung der entsprechenden Anteilsveränderungen der Ausgabenstruktur nicht mit denen der Emissionsstruktur (nach Sektoren) überein. So konnte beispielsweise die Chemische Industrie ihren Lieferanteil um 0,5 vH-Punkte erhöhen, die von diesem Industriezweig ausgehenden und dem Privaten Verbrauch zuzurechnenden Emissionen verzeichnen demgegenüber bezüglich fast aller Schadstoffe Bedeutungsverluste. Lediglich in bezug auf die Industrieabwässer ist ein – allerdings erheblicher – Bedeutungszuwachs (4 vH-Punkte) erkennbar. Ähnliches gilt auch für andere Industriezweige, etwa für die Kunststoffindustrie oder den Straßenfahrzeugbau. Demgegenüber ist für den Einzelhandel zu konstatieren, daß, obwohl die Lieferungen an den Privaten Verbrauch nur deutlich unterproportional zugenommen haben, die entsprechenden Anteilswerte bei den meisten Schadstoffarten zugenommen haben. Dies gilt in ähnlicher Weise für das Gastgewerbe sowie für andere Sektoren sowohl des Dienstleistungsbereichs als auch des Verarbeitenden Gewerbes.

Um einen Gesamteindruck des Zusammenhangs zwischen Veränderungen der Nachfragestruktur der privaten Haushalte auf der einen und den Bedeutungsvariationen der Sektoren für die dem Privaten Verbrauch zurechenbaren Schadstoffemissionen auf der anderen Seite zu erhalten, wurden Korrelationsrechnungen (im Querschnitt über die Sektoren) durchgeführt, deren Ergebnisse in Tabelle 5 dargestellt sind. Die Berücksichtigung aller Lieferbereiche ergab lediglich im Hinblick auf die Industrieabwässer einen signifikanten, jedoch äußerst schwachen Zusammenhang. Veränderungen der Lieferstruktur gingen hier zumindest tendenziell mit gleichgerichteten Variationen der entsprechenden „Emissionsstruktur" einher[10]. Während die Berück-

10 Eine kausale Interpretation der Ergebnisse im Hinblick auf den Einfluß von Veränderungen der Nachfragestruktur auf die Umweltbelastung ist mittels der Korrelationskoeffizienten bekanntermaßen nicht möglich.

Tabelle 4

Veränderungen der Güterstruktur des Privaten Verbrauchs sowie der zurechenbaren Schadstoffe

1980 bis 1986; in vH-Punkten

Lieferbereich	Privater Verbrauch	SO_2	NO_x	CO_2	Kühl-wasser	Industrie-abwässer	Produk-tions-abfälle
Landwirtschaft	–0,16	–0,16	0,03	–0,04	–0,33	–0,14	–0,42
Forstwirtschaft, Fischerei u.a.	0,05	0,03	0,05	0,06	0,02	0,02	0,03
Elektrizität, Fernwärme	0,10	3,23	0,07	1,39	2,20	–0,35	17,45
Gasversorgung	0,19	0,66	0,33	0,48	0,75	0,48	1,09
Wasserversorgung	0,00	0,00	0,00	0,00	0,00	0,00	0,00
Bergbau	–0,03	0,06	0,00	0,02	0,03	0,10	0,03
Chemische Industrie	0,04	–0,09	–0,16	–0,09	–0,50	3,98	–2,93
Mineralölverarbeitung	–0,12	–1,71	–0,72	–1,14	–0,17	0,05	0,08
Kunststoffwarenherst.	0,01	–0,01	–0,02	–0,02	–0,04	0,07	–0,14
Gummi und Asbestverarbeitung	0,02	0,00	0,00	0,01	–0,01	–0,01	–0,02
Steine und Erden	–0,02	0,03	0,00	0,02	–0,01	0,25	–0,59
Feinkeramik	–0,02	–0,01	–0,01	–0,02	–0,02	0,03	–0,16
Glasgewerbe	–0,02	–0,04	–0,03	–0,05	–0,01	0,00	–0,10
Eisenschaffende Industrie	0,00	0,00	0,00	0,00	0,00	0,00	0,00
NE-Metallerzeugung	0,00	0,00	0,00	0,00	0,00	0,00	0,00
Gießereien	0,00	0,00	0,00	0,00	0,00	0,00	0,00
Ziehereien, Kaltwalzw., Stahlverarb.	0,00	0,00	0,00	0,00	0,00	0,00	–0,01
Stahl- und Leichtmetallbau	0,00	0,00	0,00	0,00	0,00	0,00	0,00
Maschinenbau	0,01	0,00	0,00	0,00	0,00	0,00	–0,04
Büromaschinen, ADV-Geräte	0,07	0,01	0,01	0,01	0,01	0,02	0,00
Straßenfahrzeugbau	0,52	–0,02	0,01	–0,04	–0,40	–0,63	–1,29
Schiffbau	0,00	0,00	0,01	0,00	0,00	0,01	0,00
Luft- und Raumfahrzeugbau	0,00	0,00	0,00	0,00	0,00	–0,01	0,00
Elektrotechnik	0,29	0,00	0,01	0,00	–0,07	–0,07	–0,56
Feinmechanik, Optik	–0,01	–0,02	–0,02	–0,02	–0,03	–0,06	–0,13
EBM-Warenherstellung	–0,10	–0,08	–0,09	–0,11	–0,11	–0,19	–0,38
Musikinstrumente, Spielwaren u.a.	–0,06	0,00	0,01	–0,01	0,03	0,11	–0,13
Holzbearbeitung	0,04	0,04	0,04	0,04	0,03	0,05	0,19
Holzverarbeitung	–0,36	–0,12	–0,04	–0,12	–0,10	–0,14	0,69
Zellstoff, Papier, Pappe	0,00	0,00	0,00	0,00	0,01	0,11	–0,02
Papier- und Pappeverarbeitung	0,01	–0,05	–0,03	–0,04	0,02	0,24	–0,82
Druckerei und Vervielfältigung	0,00	–0,01	0,00	0,00	0,00	0,00	–0,04
Ledergewerbe	–0,13	–0,04	–0,05	–0,05	–0,03	0,22	–0,09
Textilgewerbe	–0,09	–0,24	–0,12	–0,17	–0,24	0,83	–0,41
Bekleidungsgewerbe	–0,53	–0,35	–0,24	–0,34	–0,31	–0,37	–0,57
Ernährungsgewerbe, Getränke	–0,56	–1,48	–0,88	–1,00	–0,89	–2,54	–6,56
Tabakverarbeitung	–0,17	–0,03	–0,01	–0,01	–0,04	–0,06	–0,12
Baugewerbe	–0,06	–0,03	–0,04	–0,05	–0,03	–0,06	–0,32
Großhandel, Handelsvermittlung	–0,08	–0,08	–0,01	0,00	–0,02	–0,01	–0,08
Einzelhandel	–0,53	0,68	1,28	0,92	0,37	–0,03	2,00
Eisenbahnen	–0,09	–0,04	–0,09	–0,07	–0,06	–0,03	0,15
Schiffahrt	0,00	0,04	0,01	0,01	0,00	0,00	0,00
Deutsche Bundespost	0,38	0,08	0,06	0,08	0,07	–0,01	0,15
Übriger Verkehr	–0,25	–0,23	0,07	–0,05	–0,13	–0,12	–0,24
Kreditinstitute	0,01	0,39	0,48	0,47	0,38	0,19	0,34
Versicherungsunternehmen	0,58	0,10	0,26	0,19	0,12	0,17	0,04
Wohnungsvermietung	1,44	–0,35	–0,45	–0,43	–0,30	–0,70	–2,15
Gastgewerbe und Heime	–0,32	0,21	0,28	0,36	0,30	–0,26	–0,34
Bildung, Wissenschaft	–0,10	–0,28	–0,19	–0,25	–0,24	–0,85	–1,36
Gesundheits- und Veterinärwesen	0,12	0,03	0,09	0,05	0,01	0,14	–0,08
Übrige Dienstleistungen	–0,17	–0,19	0,03	–0,14	–0,26	–0,32	–0,46
Gebietskörperschaften	–0,01	–0,01	0,04	0,04	–0,05	–0,03	–0,08
Sozialversicherung	0,00	0,00	0,00	0,00	0,00	0,00	0,00
Private Organisationen o. E.	0,11	0,06	0,03	0,09	0,08	–0,08	–1,59
Alle Wirtschaftsbereiche	0,00	0,00	0,00	0,00	0,00	0,00	0,00

Eigene Berechnungen auf der Grundlage der Input-Output-Tabellen des RWI.

RWI ESSEN

Tabelle 5

Korrelationskoeffizienten des Zusammenhangs zwischen den Veränderungen der Konsumstruktur und den zurechenbaren Schadstoffemissionen[1]

	Güterstruktur des Privaten Verbrauchs			
	Insgesamt	Land- und Forstwirtschaft, Energie	Verarbeitendes Gewerbe	Dienstleistungen
SO_2	0,04	–0,10	0,30[a]	–0,12
NO_x	–0,04	0,45	0,28[a]	–0,10
CO_2	0,06	–0,02	0,29[a]	–0,09
Kühlwasser	–0,07	–0,09	–0,06	–0,08
Industrieabwässer	0,17[a]	0,11	0,26[a]	–0,12
Produktionsabfälle	–0,05	–0,12	–0,04	–0,19

Eigene Berechnungen. – [1]Vgl. dazu die Erläuterungen im Text. – [a]Signifikant bei einer Irrtumswahrscheinlichkeit von 10 vH.

sichtigung nur der Sektoren Land- und Forstwirtschaft sowie der Energiebereiche durchweg keine signifikanten Ergebnisse ergab[11], wurden bei der Berücksichtigung aller Lieferbereiche des Verarbeitenden Gewerbes für die meisten Schadstoffarten signifikante Korrelationen ermittelt, die mit Werten um 0,3 allerdings ebenfalls vergleichsweise gering ausfallen. Demnach wurde der zwischen den Jahren 1980 und 1986 zu beobachtende Strukturwandel der Lieferungen des Verarbeitenden Gewerbes an den Privaten Verbrauch von entsprechenden gleichgerichteten Veränderungen der Belastungsentwicklung bei SO_2-, NO_x- und CO_2-Emissionen sowie beim Industrieabwasseraufkommen begleitet. Eine allgemeine Interpretation der durchweg negativen Korrelationskoeffizienten unter Berücksichtigung lediglich der Dienstleistungssektoren ist demgegenüber nicht möglich, da die entgegengesetzten Veränderungen der „Emissionsstruktur" sowohl von Bedeutungszu- als auch von -abnahmen „verursacht" worden sein können.

Zusammengefaßt ist somit festzustellen, daß ein Zusammenhang zwischen dem intersektoralen Wandel der Konsumstruktur und den Veränderungen der dem Privaten Verbrauch zurechenbaren Umweltbelastungen im allgemeinen (über alle Sektoren) innerhalb des untersuchten Zeitraums nicht nachgewiesen werden konnte. Lediglich für die Lieferbereiche des Verarbeitenden Gewerbes ist ein (möglicherweise auch kausal zu interpretierender) Einfluß des intersektoralen Strukturwandels auf die Umweltsituation zu konstatieren, der allerdings wie erwähnt vergleichsweise gering ausfällt. So kann davon ausgegangen werden, daß ein Großteil der Veränderungen der Schadstoffbelastungen sowohl von Variationen der intrasektoralen Konsumstruktur als auch von Veränderungen der entsprechenden Produktionsprozesse begleitet war. Das Ausmaß des intrasektoralen Wandels auf Produktgruppenebene wird nachfolgend am Beispiel von als besonders umweltsensibel eingeschätzten Konsumbereichen dargestellt.

11 Aufgrund der geringen Anzahl der Beobachtungen liegt auch der Wert für die NO_x-Emissionen weit unter dem kritischen Wert.

Drittes Kapitel

Empirische Analyse des Zusammenhangs zwischen Nachfrageverhalten und Umweltbewußtsein

Nach der eher globalen Analyse der Zusammenhänge zwischen Veränderungen der Konsumstruktur und den hiervon ausgehenden Umweltwirkungen im vorangegangenen Abschnitt soll nachfolgend der Frage nachgegangen werden, inwieweit das Umweltbewußtsein das Nachfrageverhalten der privaten Haushalte in ausgewählten Konsumbereichen in der Vergangenheit beeinflußt hat. Es geht somit um die empirische Überprüfung der im ersten Kapitel entwickelten allgemeinen Theorie des Einflusses von umweltbezogenen psychologischen Einstellungen der Verbraucher auf ihr Konsumverhalten. Neben der Notwendigkeit der Existenz eines theoretischen Modells stellt sich die Frage nach dem adäquaten Datenmaterial. Darüber hinaus benötigt man ein „Set" statistischer Methoden zur Quantifizierung der von dem theoretischen Modell vorgegebenen qualitativen Zusammenhänge.

1. Die Wahl des Datenmaterials

Bei den meisten Arbeiten, die die empirische Überprüfung ökonomischer Theorien zum Gegenstand haben, nehmen Überlegungen über die zugrundeliegende Theorie und die zu verwendenden statistischen bzw. ökonometrischen Verfahren einen breiten Raum ein; über Probleme der für die Analyse heranzuziehenden Daten wird oftmals nur dann diskutiert, wenn sie eigens für die Untersuchung erhoben werden mußten. In bezug auf makroökonomische Fragestellungen ist dies nicht verwunderlich, da die Daten für die zu analysierenden gesamtwirtschaftlichen Zusammenhänge in der Regel der amtlichen Statistik entnommen werden können. Die dort vorgenommenen Abgrenzungen der Erhebungstatbestände im Rahmen der Volkswirtschaftlichen Gesamtrechnungen, wie etwa „Investitionsausgaben der Unternehmen", stimmen im allgemeinen mit den von der ökonomischen Theorie vorgegebenen Variablen überein. Allerdings wird auch bei der Nutzung dieses traditionellen VGR-Datenmaterials teilweise übersehen, daß bestimmte makroökonomische Theorien andere Daten erfordern, als diese etwa von der amtlichen Statistik angeboten werden. Als oft zitiertes prominentes Beispiel gilt die statistische Erfassung des Konsums der privaten Hauhalte als VGR-Aggregat „Privater Verbrauch" nach dem Ausgabenkonzept, die im Gegensatz zu vorliegenden Konsumtheorien steht, welche den Konsum unter Zugrundelegung des Nutzungskonzepts (Verbrauch von Verbrauchsgütern, Nutzung der Gebrauchsgüter und Inanspruchnahme von Dienstleistungen) zu erklären suchen.

Diese in der traditionellen empirisch-ökonomischen Forschung bereits vorhandenen Probleme der Übereinstimmung zwischen theoretischer Vorgabe und angemessener empirischer Erfassung sind in Anlehnung an Hartwig[1] als „Adäquationsprobleme" bekannt[2]. Die in der Regel sehr viel unbefriedigendere Datenlage in bezug auf die Zusammenhänge zwischen Ökonomie und Ökologie auf der einen Seite sowie bezüglich gesamtgesellschaftlicher Indikatoren, die eine Veränderung der Einstellung gegenüber Umweltproblemen anzeigen können, auf der anderen Seite, gestaltet empirische Analysen im Rahmen umweltökonomischer Fragestellungen besonders schwierig. So wurde bereits im Zusammenhang mit der theoretischen Erörterung des Zusammenhangs zwischen Umweltbewußtsein und Kaufverhalten auf die Probleme der statistischen Erfassung des Umweltbewußtseins einer Gesellschaft bzw. seiner Darstellung anhand lediglich einer Variablen hingewiesen. Vor allem Sozialwissenschaftler bringen eine Menge von Argumenten gegen eine derartig eindimensionale Sichtweise dieser Einstellungsvariablen vor[3]. Daß im Rahmen der empirischen Analyse trotz aller möglichen Vorbehalte und der Tatsache des Vorliegens einer besonders problematischen Ausgestaltung des Adäquationsproblems die erwähnte eindimensionale Einstellungsvariable als Indikator für die Entwicklung des Umweltbewußtseins der Bevölkerung der Bundesrepublik berücksichtigt wurde, liegt in der Tatsache begründet, daß, wie oft in der Umweltökonomie, keine adäquate Alternative bestand. Allerdings sollte die Interpretation der Ergebnisse entsprechend vorsichtig ausfallen.

Die Auswahl der einzelnen Konsumbereiche, für die exemplarisch die Zusammenhänge zwischen Konsumverhalten, beobachteten bzw. angenommenen Umweltwirkungen und der Veränderung des Umweltbewußtseins quantifiziert werden sollen, wurde somit auch maßgeblich durch die Existenz entsprechenden Datenmaterials determiniert. Hinzu kommt die Tatsache, daß die drei ausgewählten Problembereiche

- Haushaltschemikalien,
- Verpackungen,
- Verkehrsnachfrage

seit geraumer Zeit in der öffentlichen, umweltpolitischen Diskussion stehen und bisher – dies gilt zumindest für die ersten beiden genannten Bereiche – bisher im Rahmen empirischer Analysen kaum untersucht wurden.

---

1 Vgl. H. Hartwig, Naturwissenschaftliche und sozialwissenschaftliche Statistik. „Zeitschrift für die gesamte Staatswissenschaft", Bd. 112 (1956), S. 262.

2 Zur eingehenderen Auseinandersetzung mit dem Adäquationsproblem vgl. beispielsweise H. Grohmann, Vom theoretischen Konstrukt zum statistischen Begriff. Das Adäquationsproblem. „Allgemeines Statistisches Archiv", Göttingen, Bd. 69 (1985), S. 1ff., sowie G. Menges, Die statistische Adäquation. „Jahrbücher für Nationalökonomie und Statistik", Bd. 197 (1982), S. 289ff.

3 Stellvertretend für die Vielzahl der zu diesem Thema veröffentlichten Arbeiten vgl. D. Urban, Was ist Umweltbewußtsein? Exploration eines mehrdimensionalen Einstellungskonstruktes. „Zeitschrift für Soziologie", Göttingen, Jg. 15 (1986), S. 363ff.

2. Die Wahl des Schätzverfahrens

Die Kombination des theoretischen Modells mit dem entsprechenden Datenmaterial ermöglicht die Quantifizierung der Modellparameter. Das hierzu notwendige Instrumentarium liefert die Ökonometrie. Die Auswahl des konkreten ökonometrischen Schätzverfahrens ist abhängig von den Annahmen des statistischen Modells bzw. von der Art der „Verletzung" dieser Annahmen, die als Probleme der Autokorrelation, Multikollinearität, Heteroskedastizität usw. bekannt sind. Darüber hinaus haben sowohl die funktionale Form der Modellgleichungen (linear, nicht linear) sowie die Modellstruktur bei Mehrgleichungsmodellen (unabhängig, interdependent, rekursiv) Einfluß auf die zu wählende Schätzmethode.

Ausgehend von einem linearen Modell hat deren übliche Matrixdarstellung die Form

(16) $$y = X\beta + u,$$

mit:

y : Tx1-Vektor der Werte der abhängigen Variablen;
X : TxK-Matrix der Werte der K unabhängigen Variablen;
β : unbekannter, zu schätzender Kx1-Vektor der Modellparameter;
u : Tx1-Vektor von zufälligen, unbeobachtbaren Störgrößen.

Das einfachste aller Schätzverfahren zur Quantifizierung der Modellparameter ist die Gewöhnliche Methode der Kleinsten Quadrate (Ordinary Least Squares, OLS)

(17) $$\hat{\beta} = (X'X)^{-1}X'y.$$

Der in Gleichung (17) angebene OLS-Schätzer für den Parameter-Vektor ergibt sich aus der Anforderung, daß die Schätzgleichung (16) derart an die Beobachtungen „anzupassen" ist, daß die Quadratsumme der Residuen minimiert wird. Die Matrizen $(X'X)^{-1}$ und X'y enthalten die Varianzen der unabhängigen bzw. die Kovarianzen zwischen der abhängigen und den unabhängigen Variablen. Der aus Gleichung (17) resultierende Residuenvektor lautet:

(18) $$v = y - X\hat{\beta}.$$

Die Anwendung der OLS-Methode setzt eine Reihe von Annahmen voraus, die sich insbesondere auf die Störgrößen des Vektors u beziehen:

- der Erwartungswert der Störgrößen ist 0, E(u) = 0;
- es liegt keine Autokorrelation vor, $Cov(u) = \sigma^2 I$;
- u ist normalverteilt.

Im Rahmen des Schätzvorgangs wird im allgemeinen davon ausgegangen, daß diese Annahmen erfüllt sind. Entsprechende statistische Tests werden i.d.R. lediglich zur Prüfung der Autokorrelation der Störgrößen angewendet.

Im Rahmen der nachfolgenden empirischen Analyse findet durchweg die OLS-Methode Anwendung. Insbesondere aufgrund der Datenproblematik wurde auch bei der Analyse der Zusammenhänge im Rahmen eines ökonometrischen Modells („Verpackungsmodell" und „Verkehrsmodell") auf mehrstufige bzw. simultane Schätzmethoden verzichtet, da bei diesen Verfahren die zumindest teilweise vorhandenen Fehlspezifikationen in einer oder mehreren Modellgleichungen zu einer verzerrten Schätzung sämtlicher Modellparameter geführt hätte. Darüber hinaus wurde auch bei Verletzung der zweiten Annahme (Autokorrelation), die mittels der Durbin-Watson-Teststatistik (DW)[4] getestet werden kann, keine Korrektur des Schätzansatzes, beispielsweise durch Anwendung der Vor allgemeinerten Methode der Kleinsten Quadrate (Generalized Least Squares, GLS) vorgenommen. Der Grund hierfür liegt zum einen darin, daß die „mechanische" statistische Bereinigung der Autokorrelation erfahrungsgemäß oftmals zu völlig unplausiblen Parameterschätzungen führt. Zum anderen bleiben auch bei Autokorrelation die OLS-Schätzungen weiterhin erwartungstreu ($E(\beta) = \beta$) und oftmals sogar konsistent ($\lim var(\beta) = 0$)[5].

3. Auswahl der Teststatistiken und Prüfmaße

Für die Auswahl einzelner Erklärungsgrößen sowie zur Beurteilung der Erklärungsgüte der Schätzansätze insgesamt wurden lediglich die traditionellen statistischen Tests herangezogen. Zwar steht seit geraumer Zeit eine Fülle von Testverfahren zur Verfügung, die insbesondere eine Überprüfung der Annahmen des statistischen Modells ermöglichen[6]. Auf die Anwendung solcher Modellspezifikationstests wurde jedoch nicht zuletzt mit Blick auf die Datenlage verzichtet[7].

Die Auswahl signifikanter Parameter erfolgt mittels der t-Statistik[8]

(19) $$t = \hat{\beta}_k / SDEV(\hat{\beta}_k)$$

mit:
$SDEV(\hat{\beta}_k)$: Standardabweichung des geschätzen Parameters $\hat{\beta}_k$.

Die Anpassung der Schätzgleichung insgesamt an das Datenmaterial wird i.d.R. mit Hilfe des um die Zahl der Freiheitsgrade korrigierten Bestimmheitsmaßes ($\bar{R}^2$) in Verbindung mit der F-Statistik überprüft

---

4 Vgl. J. Durbin and G.S. Watson, Testing for Serial Correlation in Least Squares Regression. „Biometrika", vol. 38 (1951), S. 159ff.

5 Zur ausführlichen Darstellung der Schätzeigenschaften der OLS-Methode vgl. z.B. W. Assenmacher, Einführung in die Ökonometrie. 3. Aufl., München 1990, S. 96ff.

6 Vgl. W. Krämer, Modellspezifikationstests in der Ökonometrie. „RWI-Mitteilungen", Jg. 42 (1991), S. 285ff.

7 Somit wurde der Forderung von Krämer nicht entsprochen, ökonometrische Modelle erst mit „einer vollen Breitseite" von Spezifikationstests zu konfrontieren, bevor sie im Rahmen von Prognosen oder Simulationen angewendet werden. Vgl. W. Krämer, S. 302. Dieser Forderung ist allerdings die Einschätzung entgegenzusetzen, daß wohl kaum ein ökonometrisches Modell existiert, welches alle vorhandenen Spezifikationstests „überlebt".

8 Auf die entsprechenden Testvorgänge kann hier nicht näher eingegangen werden.

(20) $$\bar{R}^2 = 1 - (T-1)/(T-K)(1-R^2),$$

(21) $$\text{wobei } R^2 = 1 - (v'v/(y'y - T\bar{y}^2)),$$

(22) $$F = \hat{\beta}'X'X\hat{\beta} / VAR(v)K$$

mit:
T : Anzahl der Beobachtungen;
K : Anzahl der Regressoren;
VAR(v) : Varianz der Residuen.

Da die ökonometrischen Gleichungen (Gleichungssysteme) für Simulationen herangezogen werden sollen, muß zunächst die Prognoseleistung des Modells insgesamt, unter Berücksichtigung von Modellinterdependenzen, überprüft werden. Hierzu wird im allgemeinen eine ex post-Simulation (innerhalb des Schätzzeitraumes der Einzelgleichungen) durchgeführt. Die ex post-Prognosegüte selbst wird mittels des durchschnittlichen relativen Prognosefehlers (Root-Mean-Square-Percentage-Error RMSPE) überprüft[9]:

(23) $$RMSPE = \sqrt{\frac{1}{T}\sum\left(\frac{y_t - \hat{y}_t}{y_t}\right)^2}.$$

Ebenfalls im Hinblick auf die Eignung der Modells für Politiksimulationen ist es notwendig zu wissen, inwieweit die Schätzansätze (unter Berücksichtigung der Modellinterdependenzen) systematische Über- bzw. Unterschätzungen der tatsächlichen Entwicklung vornehmen. Im Rahmen der sog. „Theil'schen Zerlegung" des Prognosefehlers in den Mittelwert- (UM), den Varianz- (US) und den Kovarianzfehler (UC) ist eine derartige Überprüfung des Modells möglich. Die Fehlerkomponenten werden wie folgt berechnet:

(24) $$UM = (\hat{\bar{y}} - \bar{y}) / (1/T)\, R\, (\hat{y}_t - y_t)^2$$

(25) $$US = (SDEV(\hat{y}) - SDEV(y))^2 / (1/T)\, R\, (\hat{y}_t - y_t)^2$$

(26) $$UC = 2(1 - r_{\hat{y}y})\, SDEV(\hat{y})\, SDEV(y) / (1/T)\, R\, (\hat{y}_t - y_t)^2,$$

mit:
SDEV : Standardabweichung;
$r_{\hat{y}y}$: Korrelationskoeffizient.

Die einzelnen Komponenten addieren sich definitionsgemäß zu 1 auf. Die entsprechenden Schätzansätze können als befriedigend angesehen werden, wenn der Mittelwertfehler und der Varianzfehler nahe dem Wert 0 liegen und der Kovarianzfehler nahe 1 liegt. Dann kann davon ausgegangen werden, daß der ausgewiesene Prognosefehler weder auf systematische Fehlschätzungen (UM) noch auf eine nicht adäquaten Abbildung der Varianz der zu erklärenden Variablen (US) zurückzuführen ist, sondern vor allem auf zufälligen Fehlschätzungen (UC) beruht.

---

9 Vgl. hierzu und dem folgenden R. Pindyck and D. Rubinfeld, Econometric Models and Economic Forecasts. 2nd ed., New York u.a. 1981, S. 362ff.

4. Zur Interpretation der Schätzergebnisse

Die Quantifizierung der im Rahmen von theoretischen Modellen lediglich qualitativ vorgegebenen Zusammenhänge stellt die erste Aufgabe ökonometrischer Methoden dar. Die Tatsache allerdings, daß für jede Problemstellung nicht nur eine, sondern eine Fülle theoretischer Modelle vorliegt, erschwert die Auswahl des „richtigen" Modells. Darüber hinaus läßt eine Reihe der vorliegenden theoretischen Modelle im allgemeinen gewisse Freiheitsgrade bezüglich der Auswahl einzelner exogener Variablen zu; dies gilt insbesondere für den im ersten Kapitel abgeleiteten allgemeinen Ansatz zur Erklärung des Einflusses von psychologischen Variablen auf das Konsumverhalten. Dies führt dazu, daß die Auswahl der letztendlich verbleibenden Variablen mehr oder weniger „technisch" mit Hilfe der zuvor erwähnten Teststatistiken vorgenommen werden muß.

Die Frage, die sich in diesem Zusammenhang oftmals stellt, ist die, ob ökonometrische Methoden zur Datenanalyse oder aber zur Theorieüberprüfung herangezogen werden[10]. Verbunden mit dieser Frage ist die oftmals nur unscharfe bzw. unmögliche Trennung der kognitiven von der prognostischen Dimension ökonometrischer Modelle. Während sich die kognitive Dimension aus dem Erklärungsanspruch des Modells ableitet, beschreibt die prognostische Dimension die Eignung für die praktischen Verwendung im Rahmen von Prognosen und Simulationen[11]. Da viele Modelle aber in hohem Maße anwendungsbezogen sind, orientieren sie sich oftmals eher an den Daten als an der zugrundeliegenden Theorie; m.a.W., der Schwerpunkt verlagert sich zugunsten der prognostischen Dimension.

Wie bereits erwähnt, besteht bezüglich der hier vorliegenden Fragestellung das Problem, daß das zugrundeliegende theoretische Modell und somit die kognitive Dimension der zu entwickelnden ökonometrischen Erklärungsansätze eher allgemein formuliert vorliegt, die Freiheitsgrade bezüglich der letztendlich aufzunehmenden Determinanten vergleichsweise groß sind. Die Gefahr, daß die als Kausalbeziehungen interpretierten geschätzten Beziehungen in Wirklichkeit lediglich Scheinbeziehungen darstellen, ist ausgehend von dem erwähnten, allgemein formulierten Modell somit sehr viel größer als bei anderen spezifischen Modellen. Da allerdings versucht wurde, bei den einzelnen Modellen auch theoretisch begründbare Modifikationen und Konkretisierungen der Schätzansätze vorzunehmen, sollten „spurious correlations" weitestgehend ausgeschlossen sein. Die letztlich ausgewählten Modelle sind somit einer (wirtschafts-) theoretischen Interpretation durchaus zugänglich[12]. Eine vorsichtige Interpretation der Schätz- und Simulationsergebnisse ist allerdings sowohl aufgrund der vorhandenen Datenprobleme als auch wegen der nach wie vor nur unzureichenden theoretischen Fundierung der Ansätze geboten.

---

10 Vgl. G. Kirchgässner, Ökonometrie: Datenanalyse oder Theorieüberprüfung? „Jahrbücher für Nationalökonomie und Statistik", Bd. 198 (1983), S. 511ff.

11 Vgl. hierzu auch W. Assenmacher, Zum Verhältnis zwischen Wirtschaftstheorie und Ökonometrie. „Allgemeines Statistisches Archiv", Jg. 70 (1986), S. 329.

12 Zu der (eigentlich selbstverständlichen) Forderung, daß mittels statistischer Verfahren ausgewählte Modellspezifikationen einer wirtschaftstheoretischen Interpretation zugänglich sein sollten, vgl. G. Hansen, Kausalität in der Ökonometrie. Ein kurzer Rückblick bis 1950. „Allgemeines Statistisches Archiv", Jg. 76 (1992), S. 120.

Viertes Kapitel

Nachfrageverhalten und Umweltbewußtsein in ausgewählten umweltrelevanten Konsumbereichen

Wenngleich davon ausgegangen werden kann, daß fast jede Konsumentscheidung in irgend einer Weise umweltrelevante Wirkungen nach sich zieht, gibt es Bereiche, von denen besonders starke Effekte auf die Umweltsituation ausgehen. Ihre besondere Bedeutung spiegelt sich zumeist sowohl in der öffentlichen Diskussion als auch in entsprechenden politischen Maßnahmen wider[1]. Zu diesen Bereichen zählen unter anderen die Haushaltschemikalien, Verpackungsmaterialien sowie das Verkehrsverhalten der privaten Haushalte.

1. Problembereich Haushaltschemikalien

Die Bedeutung der direkten Lieferungen der Chemischen Industrie an die privaten Haushalte für die Gesamtausgaben hat, wie bereits erwähnt, von 1960 bis 1989 zwar nur wenig zugenommen (vgl. Tabelle 6). Aber die weiterhin besondere Umweltgefährdung, die von einer Vielzahl dieser Produkte wie Wasch-, Putz- und Reinigungsmittel oder aber Körperpflegemittel ausgeht, zeigt sich unter anderem darin, daß bis auf Lacke, Dünge- und Schädlingsbekämpfungsmittel bis heute keines dieser Erzeugnisse mit dem Umweltzeichen ausgezeichnet wurde. Zwar konnten einige Produkte dadurch weniger umweltschädlich gestaltet werden, daß besonders gefährliche Bestandteile wie etwa Phosphate bei Waschmitteln, Fluor-Chlor-Kohlenwasserstoffe (FCKW) in Haarsprays oder als Kühlflüssigkeit für Haushaltsgeräte durch weniger schädliche Stoffe ganz oder teilweise ersetzt wurden. Als umweltfreundlich, auch im Sinne der „relativen Umweltfreundlichkeit" des Umweltzeichens, gelten bisher entgegen manchen Aussagen der Werbung jedoch nur FCKW-freie Haarsprays, für die allerdings bis Mitte 1990 noch kein Produzent eine Kennzeichnung beantragt hatte. Ein Grund dafür, daß in diesem als besonders umweltsensibel angesehenem Segment der Haushaltschemikalien nur sehr wenige Artikel als umweltfreundlich im Sinne des Umweltzeichens bezeichnet werden können, ist möglicherweise darin zu sehen, daß eine endgültige

1 Ob die in der Öffentlichkeit diskutierten und von der Politik aufgegriffenen ökologischen Problemfelder tatsächlich auch die dringendsten sind, ist allerdings umstritten. Zu den Wechselwirkungen zwischen öffentlich diskutierten Umweltproblemen und Umweltpolitik vgl. G. Voss.

Tabelle 6

Produktion ausgewählter Haushaltschemikalien

1975 bis 1989

	Jahresdurchschnitt			Veränderung	
	1975 bis 1980	1980 bis 1985	1985 bis 1989	1975/80 bis 1980/85	1980/85 bis 1985/89
	in 1 000 t			in vH	
Seifen	106,9	108,1	99,4	1,1	-7,9
Feinseifen	72,7	75,1	62,0	3,2	-17,3
Haushaltskernseifen	4,6	3,4	2,7	-26,5	-20,6
Rasierseifen	0,1	0,3	0,3	83,1	-3,2
Schmierseifen	19,4	18,4	20,1	-5,0	8,9
flüssige Seifen (Waschlotionen)	8,8	9,6	12,5	9,0	30,8
sonstige Seifen (Scheuerseife)	1,0	1,1	1,6	6,9	48,0
Waschmittel	654,9	719,9	775,0	9,9	7,6
Voll- und Hauptwaschmittel	589,4	653,2	693,6	10,8	6,1
Spezial- und Feinwaschmittel	65,5	66,6	81,4	1,8	22,1
Waschhilfsmittel	368,1	395,3	321,3	7,3	-18,7
Weichspülmittel	353,1	384,4	296,8	8,8	-22,7
sonstige	14,9	10,8	24,4	-26,9	124,3
Geschirrspülmittel	192,2	221,2	271,8	15,0	22,8
Handgeschirrspülmittel	129,2	140,0	169,6	8,4	21,0
Maschinengeschirrspülmittel	63,0	81,1	102,2	28,6	26,0
Andere Haushaltsreinigungsmittel	169,4	179,7	170,8	6,0	-4,9
flüssig	93,6	117,9	101,5	25,9	-13,9
andere	10,0	4,6	2,8	-53,1	-38,4
Scheuermittel	44,5	34,3	35,1	-22,8	2,3
Handreinigungsmittel	21,3	22,7	31,3	6,7	37,8
Haarpflegemittel	77,7	90,6	112,9	16,5	24,5
Haarwaschmittel flüssig	40,8	57,2	70,3	40,1	22,9
andere	0,1	0,3	0,4	115,3	27,4
Haarsprays	31,4	26,6	32,5	-15,4	22,4
Haarfarbe, Bleichmittel, Tönungen	5,3	6,5	9,5	21,8	47,0
Badezusatzmittel	72,2	81,0	98,5	12,2	21,4
Putz- und Pflegemittel	196,6	215,0	232,8	9,3	8,2
Fußbodenreinigungsmittel	41,2	39,4	39,2	-4,2	-0,6
Fußbodenpflegemittel	32,2	28,9	25,9	-10,2	-10,3
Bohnerwachs	4,7	3,0	1,2	-36,8	-57,3
Selbstglänzende Pflegemittel	21,7	20,6	18,6	-5,1	-9,5
andere Fb-Pflegemittel	5,6	5,2	5,9	-7,5	13,4
Möbelpflegemittel	1,2	0,9	1,1	-22,7	13,4
Autopflegemittel	26,4	32,4	44,4	22,4	37,3
Waschmittel	3,7	3,9	5,3	3,8	34,8
Lackpflege	4,9	7,9	13,3	59,8	67,2
Chrompflege	0,3	0,3	0,3	-15,9	-6,8
sonstige	17,2	20,1	25,5	16,5	26,6
Fensterputzmittel	20,7	21,7	19,0	4,5	-12,5
Herdputzmittel	3,7	2,6	1,2	-30,9	-51,8
Rohr- und WC-Reiniger	48,2	58,5	59,8	21,3	2,2
Sonstige (Fleckenentferner u.ä.)	22,5	30,3	41,8	34,2	38,1
Insgesamt	1 760,6	1 920,4	1 969,9	9,0	2,5

Nach Angaben in Statistisches Bundesamt (Hrsg.) [I], Produktion im Produzierenden Gewerbe. (Fachserie 4: Produzierendes Gewerbe, Reihe 3.) Stuttgart, lfd. Jgg.

RWI ESSEN

Bewertung etwa der bisher eingesetzten Ersatzstoffe – z.B. bei phosphatfreien Waschmitteln, deren Marktanteil von 5 vH im Jahre 1986 auf fast 100 vH im Jahre 1991 angestiegen ist – noch nicht möglich ist. Ähnliches gilt für die sogenannten teilhalogenierten FCKW, die für eine Übergangszeit noch in Kühlgeräten verwendet werden dürfen[2]. Umweltbewußtes Konsumverhalten der Haushalte in bezug auf Haushaltschemikalien müßte sich dann, wenn weniger umweltschädliche Alternativen fehlen, in einem Rückgang oder zumindest schwächeren Anstieg – gegenüber den Jahren mit gering ausgeprägtem Umweltbewußtsein der Haushalte – der Nachfrage nach diesen Produkten zeigen. Dies soll für ausgewählte Erzeugnisgruppen untersucht werden.

1.1. Niveau und Struktur von Produktion und Nachfrage

Neben der Gruppe der Wasch-, Putz- und Reinigungsmittel gehört auch eine Reihe von Körperpflegemitteln zu den Produkten, die im Zusammenhang mit dem eigentlichen Verbrauch als umweltgefährdend eingestuft werden. Die Produktion der für die Analyse ausgewählten Produktgruppen der Haushaltschemie (vgl. Tabelle 6) stieg von 1,5 Mill. t im Jahre 1975 zunächst auf 2 Mill. t im Jahre 1982, ging dann bis 1985 leicht auf 1,9 Mill. t zurück und nahm danach wieder auf 2,1 Mill. t im Jahre 1989 zu. Im Durchschnitt der zweiten Hälfte der siebziger Jahre betrug die Jahresproduktion etwa 1,76 Mill. t. In der ersten Hälfte der achtziger Jahre wurde die Produktion um 9 vH auf 1,92 Mill. t pro Jahr gesteigert. Die durchschnittliche Jahresproduktion liegt zwar mit 1,97 Mill. t in der zweiten Hälfte der achtziger Jahre nur um etwa 2,6 vH höher als im Zeitraum 1980 bis 1985, wie erwähnt jedoch in den Jahren 1987 bis 1989 mit steigender Tendenz.

Die bedeutendste Gruppe innerhalb der ausgewählten Erzeugnisse bilden die Wasch- und Waschhilfsmittel, von denen 1989 ca 1,1 Mill. t (ca. 52 vH der Gesamtproduktion der ausgewählten Erzeugnisse) produziert wurden. Im langfristigen Vergleich erhöhte sich die Waschmittelproduktion relativ kontinuierlich von 654 000 t pro Jahr im Zeitraum 1975/80 auf 755 000 t pro Jahr in der zweiten Hälfte der achtziger Jahre. Demgegenüber ist die Produktion von Waschhilfsmitteln nach einem Anstieg um 7,4 vH in der ersten Hälfte der achtziger Jahre in den Jahren 1985 bis 1989 um fast 19 vH zurückgegangen, vor allem durch den deutlichen Produktionsrückgang von Weichspülmitteln um 23 vH.

Innerhalb des Bereichs der Haushaltsseifen ist ein gewisser Substitutionsprozeß erkennbar: Während die Produktion von Fein- (ab der zweiten Hälfte der achtziger Jahre) und Kernseifen (erste Hälfte der achtziger Jahre) deutlich zurückgeht, nimmt die Produktion von sog. Waschlotionen und Scheuerseifen insbesondere im Zeitraum 1985 bis 1989 deutlich zu. Ebenfalls einen im Vergleich zu den ausgewählten Haushaltschemikalien insgesamt überproportionalen Produktionszuwachs verzeichnen die ausgewählten Körperreinigungserzeugnisse. Inwieweit die geschilderte Produktionsentwicklung durch die Nachfrage der privaten Haushalte determiniert wurde, ist nachfolgend zu prüfen.

---

2 Vgl. R.H. Knauer, Gefahr durch den Ersatzstoff. Auch teilhalogenierte FCKW beeinflussen das Klima. „Süddeutsche Zeitung", München, Ausgabe vom 11. April 1991, S. 46.

Tabelle 7

Pro-Kopf-Verbrauch ausgewählter Haushaltschemikalien

1975 bis 1989

Produktgruppe	1975	1980	1985	1989	Jahresd. Veränderung 1975 bis 1980	1980 bis 1985	1985 bis 1989
	in kg				in vH		
Seifen	1,57	1,56	1,39	1,26	-0,2	-2,2	-2,0
Feinseifen / Rasierseifen	0,92	1,07	0,84	0,71	3,0	-4,9	-3,1
Haushaltskernseifen / Scheuerseife	0,16	0,08	0,06	0,07	-13,0	-7,1	6,0
Schmierseifen / flüssige Seifen	0,48	0,40	0,50	0,46	-3,6	4,5	-1,3
Waschmittel	9,28	11,21	11,00	11,06	3,8	-0,4	-0,1
Voll- und Hauptwaschmittel	8,30	10,04	9,66	9,36	3,9	-0,8	-0,6
Spezial- und Feinwaschmittel	0,97	1,16	1,35	1,69	3,6	2,9	4,7
Waschhilfsmittel	4,64	6,52	5,07	3,86	7,0	-4,9	-5,3
Geschirrspülmittel	2,43	3,18	3,46	5,75	5,5	1,6	10,7
Andere Haushaltsreinigungsmittel	2,59	3,32	3,03	2,81	5,1	-1,8	-1,5
Flüssige Reinigungsmittel u.a.	1,33	2,02	1,71	1,43	8,7	-3,2	-3,5
Scheuermittel und Handreinigungsmittel	1,25	1,30	1,31	1,37	0,7	0,2	0,9
Haarpflegemittel	1,24	1,24	1,58	1,74	0,0	4,9	2,0
Haarwaschmittel flüssig u.a.	0,49	0,72	0,99	1,19	7,9	6,3	3,9
Haarsprays, Haarfarben, Bleichmittel u.ä.	0,74	0,51	0,59	0,54	-7,2	2,8	-1,6
Badezusatzmittel	0,91	1,12	1,36	1,68	4,2	4,0	4,4
Putz- und Pflegemittel	2,73	3,12	3,29	3,70	2,7	1,0	2,4
Fußbodenreinigungs- und -pflegemittel	1,17	1,09	0,99	0,95	-1,4	-1,9	-0,8
Möbelpflegemittel	0,04	0,04	0,04	0,04	0,1	-1,4	1,8
Autopflegemittel	0,35	0,42	0,66	0,67	3,5	9,2	0,5
Fensterputzmittel, sonstiges	1,15	1,56	1,60	2,02	6,2	0,4	4,9
Insgesamt	25,42	31,30	30,18	31,88	4,2	-0,7	1,1

Eigene Berechnungen nach Angaben in Statistisches Bundesamt (Hrsg.) [I] sowie Statistisches Bundesamt (Hrsg.) [II], Außenhandel nach dem internationalen Warenverzeichnis für den Außenhandel. (Fachserie 7: Außenhandel, Reihe 4.) Stuttgart, lfd. Jgg. RWI ESSEN

Die Nachfrage der privaten Haushalte nach Wasch-, Putz- und Reinigungsmitteln sowie Erzeugnissen für die Körperpflege hat im Zeitraum der Jahre 1975 bis 1989 um 27,4 vH von 1,57 Mill. t auf 2 Mill. t zugenommen[3]. Der Verbrauch je Haushalt nahm

3 Als Indikator für die Nachfrage der Haushalte wurde die Inlandsversorgung (Produktion zuzüglich Import abzüglich Export) herangezogen. Aufgrund der Umstellung der Außenhandelsstatistik, die eine genaue Zuordnung der Außenhandelsdaten zu den Produktionsdaten in vielen Fällen nicht mehr zuläßt, sind die ausgewiesenen Werte für die Jahre 1988 und 1989 lediglich als Schätzungen zu interpretieren.

demgegenüber lediglich um etwa 9 vH von 66 kg im Jahre 1975 auf 72 kg 1989 zu, die Pro-Kopf-Entwicklung entspricht mit einer Steigerung um 28 vH von 25 kg auf 32 kg allerdings der des Gesamtverbrauchs (vgl. Tabelle 7).

Die mit Abstand größte Bedeutung hat der Verbrauch von Waschmitteln mit ca. 11 kg pro Kopf der Bevölkerung im Jahre 1989. Innerhalb dieses Verbrauchssegments ist seit dem Beginn der achtziger Jahre ein Substitutionsprozeß zu Lasten der Haupt- und Vollwaschmittel und zugunsten der Spezial- und Feinwaschmittel erkennbar, wobei letztere jedoch mit einem Pro-Kopf-Verbrauch von etwa 1,7 kg nach wie vor weit unter dem der Voll- und Hauptwaschmittel liegen. Mit einem Verbrauch von jeweils über 5 kg je Kopf (1989) zählen die Geschirrspülmittel ebenfalls zu den bedeutenden Haushaltschemikalien, gefolgt von der Gruppe der Waschhilfsmittel sowie Putz- und Pflegemittel (ca. 3,7 kg) und anderen Haushaltsreinigungsmitteln (2,8 kg). Der Haarpflegemittel- und Badezusatzmittelkonsum betrug 1989 jeweils etwa 1,7 kg pro Kopf der Bevölkerung.

Umweltbewußtes Verbraucherverhalten kann, wie bereits mehrfach erwähnt, durch einen Rückgang des Verbrauchs umweltschädlicher Produkte erkennbar werden. Seifen, Wasch-, Spül- und Reinigungsmittel belasten vor allem die Gewässer mit Tensiden und Phosphaten. Durch den weitgehenden Ersatz der Phosphate in Universalwaschmitteln konnte der Beitrag der Wasch- und Reinigungsmittel zum Phosphateintrag in die Gewässer von noch 50 vH im Jahre 1984 auf unter 10 vH im Jahre 1989 reduziert werden[4]. Demgegenüber enthalten die Produkte nach wie vor Tenside, die eine sehr hohe Fischtoxizität aufweisen; ihre gesundheitlichen Risiken für den Menschen konnten noch nicht abschließend geklärt werden[5]. Eine zurückhaltende Nachfrageentwicklung oder sogar ein Verbrauchsrückgang würde somit zur Umweltentlastung beitragen. Unter Berücksichtigung des insbesondere seit 1985 stark zunehmenden Umweltbewußtseins der Haushalte könnten deutlich zurückgehende Zuwachsraten oder sogar absolute Verbrauchsrückgänge seit 1985 in der Weise interpretiert werden, daß unter anderem die Zunahme umweltbewußter Haushalte hierfür verantwortlich ist.

Deutliche Verbrauchsrückgänge innerhalb des Zeitraums 1985/89 sind zunächst für die Waschhilfsmittel zu verzeichnen; diese wurden wohl vor allem durch den Rückgang des Verbrauchs von Weichspülmitteln verursacht. Die Einsparmöglichkeiten in diesem Verbrauchssegment werden in jüngster Zeit von der Anbieterseite durch die Herstellung von Waschkonzentraten unterstützt, die 1989 einen Volumenanteil von etwa 35 vH am gesamten Weichspülmarkt hatten[6]. Zur Verringerung des Verpackungsabfallaufkommens werden darüber hinaus neuerdings Nachfüllpackungen angeboten. Ähnliche Neuerungen können bei den Voll- und Hauptwaschmitteln beobachtet werden, der Anteil der Konzentrate lag hier 1989 bei etwa 48 vH. Der Verbrauchsrück-

---

4 Vgl. Unterrichtung durch die Bundesregierung, Bericht der Bundesregierung an den Deutschen Bundestag über die Wirkungen des Wasch- und Reinigungsmittelgesetzes vom 19. Dezember 1986. Deutscher Bundestag, Drucksache 11/4315. Bonn 1989, S. 19.

5 Vgl. Unterrichtung durch die Bundesregierung, S. 16f.

6 Vgl. O.V., Nichts wäscht grüner ... Die Wasch-, Putz und Reinigungsmittelindustrie hat die Umwelt für sich entdeckt. „Der Verbraucher", Hamburg, Jg. 1991, Heft 5, S. 11.

gang war bei dieser Erzeugnisgruppe mit jahresdurchschnittlich 0,6 vH jedoch weitaus geringer ausgeprägt als bei den Waschhilfsmitteln. Demgegenüber ist der Pro-Kopf-Verbrauch von Spezial- und Feinwaschmitteln vor allem seit 1985 kräftig angestiegen. In diesem Zusammenhang ist auf eine weitere Neuerung im Waschmittelbereich hinzuweisen, der Einführung sogenannter Baukastensysteme. Im Rahmen dieser Systeme können Waschmittel, Wasserenthärter und Bleichmittel komponentenweise individuell zusammengestellt werden. Bei einer jeweils dem Verschmutzungsgrad der Wäsche entsprechenden Dosierung verspricht man sich von den Baukastensystemen im allgemeinen eine spürbare Entlastung der Umwelt, wobei allerdings der Markterfolg dieser Produkte zur Zeit noch nicht absehbar ist.

Innerhalb der Produktgruppe der Seifen (–2,0 vH) verzeichneten Fein- und Rasierseifen ebenfalls mit im Jahresdurchschnitt 3,1 vH einen deutlichen sowie Schmier- und Flüssigseifen mit 1,3 vH seit 1985 einen schwächeren Verbrauchsrückgang. Unter Zugrundelegung der oben erwähnten Produktionszahlen steht hinter der genannten Entwicklung vor allem eine Substitution der Feinseifen durch Waschlotionen.

Die deutliche Zunahme des Spülmittelverbrauchs ist, wiederum die Produktionsentwicklung zugrundegelegt, auf die Ausweitung des Verbrauchs von Maschinengeschirrspülmitteln zurückzuführen, die vor allem durch die starke Ausweitung des Geschirrspülerbestandes von 5,3 Mill. Geräten 1980 auf ca. 9,2 Mill. Geräte 1989 (dies entspricht einem Ausstattungsgrad von etwa 35 vH) verursacht wurde. Demgegenüber stagnierte der Verbrauch von Handgeschirrspülmitteln in der zweiten Hälfte der achtziger Jahre bei einem Wert von ca. 2,3 kg pro Kopf.

1.2. Der Einfluß des Umweltbewußtseins auf die Nachfrage nach Haushaltschemikalien

Festzuhalten bleibt, daß für einige Verbrauchssegmente absolut rückläufige pro-Kopf-Verbräuche oder zumindest ein verlangsamter Anstieg der Nachfrage seit 1985 zu beobachten ist. Neben dem erwähnten Anstieg des Anteils umweltbewußter Haushalte kann für diese Entwicklung allerdings eine Reihe weiterer Gründe verantwortlich sein. So hat sich der in der zweiten Hälfte der siebziger und in der ersten Hälfte der achtziger Jahre zu beobachtende Rückgang der relativen Preise etwa für Wasch-, Putz- und Reinigungsmittel im Zeitraum 1985 bis 1989 deutlich verlangsamt oder ist, wie bei Voll- und Hauptwaschmitteln, in eine relative Verteuerung umgeschlagen (vgl. Tabelle 8). Des weiteren kann angenommen werden, daß die unterschiedliche Entwicklung der einzelnen Verbrauchssegmente das Ergebnis voneinander abweichender Reagibilitäten in bezug auf die jeweilige Einkommensentwicklung ist. Schließlich können Substitutionsprozesse, wie erwähnt etwa bei Universal- bzw. Spezialwaschmitteln, oder aber die zunehmende Ausstattung der Haushalte mit solchen elektrischen Geräten (wie Wasch- und Geschirrspülmaschinen), die einen geringeren spezifischen Verbrauch von Wasch- und Reinigungsmitteln aufweisen, zu den Ursachen für einen Verbrauchsrückgang bei den entsprechenden Produktgruppen zählen.

Im Zusammenhang mit der Überprüfung der Bedeutung der Einkommens- und Preisentwicklung auf der einen sowie der des Umweltbewußtseins für die Verbrauchsentwicklung von Haushaltschemikalien auf der anderen Seite stellt sich die

Tabelle 8

Entwicklung der relativen Preise ausgewählter Haushaltschemikalien

1975 bis 1989; jahresdurchschnittliche Veränderung in vH

Produktgruppe	1975 bis 1980	1980 bis 1985	1985 bis 1989
Feinseifen	–3,4	–1,5	–0,7
Voll- und Hauptwaschmittel	–2,6	–1,6	1,3
Spezial- und Feinwaschmittel	–2,4	–1,3	–0,4
Weichspülmittel	–2,9	–3,1	0,3
Geschirrspülmittel	–2,4	–2,1	–0,2
Haarwaschmittel flüssig	–2,9	–1,5	–0,3
Haarsprays	–3,9	0,1	–0,1
Badezusatzmittel	–3,8	–1,8	–0,7
Fußbodenpflegemittel	–1,0	–0,7	–0,1
Rohr- und WC-Reiniger	–2,5	–1,8	–0,3
Sonstige (Fleckenentferner u.ä.)	–0,2	–1,1	–0,6

Eigene Berechnungen nach Angaben in Statistisches Bundesamt (Hrsg.) [III], Preise und Preisindizes für die Lebenshaltung. (Fachserie 17: Preise, Reihe 7.) Stuttgart, lfd. Jgg.

Frage, welches Verhältnis zwischen den ökonomischen und dem sozialpsychologischen (Umweltbewußtsein) Faktoren a priori unterstellt werden soll. Nachfolgend wird davon ausgegangen, daß zusätzlich das Umweltbewußtsein neben den ökonomischen Determinanten den Verbrauch von Haushaltschemikalien beeinflußt und somit innerhalb des Erklärungsansatzes additiv hinzugefügt werden kann. Es wird somit ein direkter Einfluß des Umweltbewußtseins auf die Verbrauchsentwicklung unterstellt[7], der Erklärungsansatz hat demzufolge die Form

$$IV_i = a_1 + a_2\,PV + a_3\,RP_i + a_4\,UMB + u \qquad (27)$$

mit:

IV_i : Inlandsverbrauch pro Kopf der Produktgruppe i, in kg;
PV : Privater Verbrauch pro Kopf insgesamt, in Mrd. DM, in Preisen von 1980;
RP_i : relativer Preis der Produktgruppe i, 1980 = 100;
UMB : Anteil umweltbewußter Haushalte an den Haushalten insgesamt, in vH.

Die Ergebnisse der Regressionsanalyse werden in Tabelle 9 zusammengefaßt. Um die Bedeutung der jeweiligen Einflußfaktoren für die ausgewählten Produktgruppen vergleichen zu können, wurden nicht die Regressionskoeffizienten selbst, sondern die (durchschnittlichen) Elastizitäten ausgewiesen[8]. Neben dem im dritten Kapitel er-

7 Ein indirekter Einfluß des Umweltbewußtseins könnte insofern vorliegen, als sich die Reaktionen der Verbraucher auf die Entwicklung von Preisen und Einkommen verändern. Dann müßte ein Erklärungsansatz zugrunde gelegt werden, in dem die entsprechenden Koeffizienten selbst abhängig vom Umweltbewußtsein sind.

8 Berechnet wurden die Elastizitäten näherungsweise durch das Produkt aus der Relation der Mittelwerte von Regressand und Regressor mit dem jeweiligen Koeffizienten.

Tabelle 9

Nachfrageelastizitäten ausgewählter Haushaltschemikalien

1975 bis 1989

Produktgruppe[1]	Koeffizienten[2]				Prüfmaße[3]		
	Absolut-glied	Pro-Kopf-Ausgaben	Relativ-preis	Umwelt-bewußt-sein	$\bar{R}^2$	DW	MPE
	a1	a2	a3	a4			
Seifen	4,88 (3,2)	-2,67 (3,5)	-1,21 (1,6)	-	0,67 (16)	0,78	9,4
	3,03 (2,9)	-0,39 (0,5)	-1,25 (2,6)	-0,39 (3,6)	0,79 (18)	1,21	5,8
Voll- und Hauptwaschmittel	2,48 (4,0)	0,72 (2,6)	-0,76 (2,0)	-	0,26 (3)	1,18	5,3
	1,46 (2,8)	0,43 (1,1)	-0,77 (2,9)	-0,13 (1,9)	0,53 (6)	2,35	3,8
Spezial- und Feinwaschmittel	-1,31 (1,3)	1,53 (3,3)	0,77 (1,3)	-	0,66 (15)	2,25	6,1
	-1,19 (2,1)	1,02 (1,6)	0,91 (1,5)	0,26 (2,3)	0,85 (27)	2,66	6,0
Waschhilfsmittel	1,16 (2,1)	1,89 (1,8)	-1,31 (1,2)	-	0,16 (2)	0,63	15,0
	0,41 (0,2)	1,49 (1,5)	-0,41 (0,5)	-0,49 (2,0)	0,25 (3)	1,12	11,2
Geschirrspülmittel	-3,0 (1,4)	2,71 (2,7)	1,31 (1,2)	-	0,59 (11)	1,53	11,0
	-1,36 (2,4)	2,17 (6,4)	0,26 (0,8)	-0,07 (1,6)	0,95 (88)	2,42	3,0
Haarwaschmittel	0,69 (1,0)	1,32 (3,6)	-1,01 (2,5)	-	0,92 (86)	1,36	5,3
	-0,07 (0,1)	1,96 (4,5)	-0,89 (1,9)	0,20 (1,0)	0,93 (89)	1,07	6,6
Haarsprays	-2,49 (2,1)	0,71 (1,4)	2,77 (3,9)	-	0,62 (12)	1,43	9,6
	-3,33 (1,6)	1,47 (1,0)	2,87 (3,1)	-0,02 (0,1)	0,46 (5)	1,38	10,0
Badezusatzmittel	-0,85 (0,8)	1,49 (2,6)	0,36 (0,7)	-	0,50 (16)	1,57	7,7
	-1,53 (1,4)	2,12 (3,4)	0,41 (0,8)	0,01 (0)	0,75 (22)	1,35	8,4

Eigene Berechnungen. – [1]Inlandsverbrauch pro Kopf in kg. – [2]Ausgewiesen sind die durchschnittlichen Elastizitäten, darunter in Klammern die t-Werte. – [3]Es bedeuten: $\bar{R}^2$: Korrigiertes Bestimmtheitsmaß, darunter in Klammern die F-Statistik, DW: Durbin-Watson-Teststatistik, MPE: Mittlerer prozentualer Fehler.

RWI ESSEN

wähnten grundsätzlichen Problem der Adäquation war davon auszugehen, daß aufgrund der Trendbehaftung aller verwendeter Zeitreihen das Problem der Korrelation zwischen den Regressoren (Multikollinearität) vorliegt. Aus diesem Grunde wurden zunächst „Kontrollschätzungen" ohne Berücksichtigung des Umweltbewußtseins durchgeführt, um die Auswirkungen der Hinzunahme des Umweltbewußtseins auf die Parameterschätzungen zu analysieren. Signifikante Veränderungen der Parameterwerte können als Indiz für das Ausmaß der Kollinearität herangezogen werden. Die Ergebnisse der Tabelle 9 zeigen teilweise erhebliche Veränderungen sowohl der Einkommens als auch der Preisparameter. Dies gilt insbesondere bezüglich der Produktgruppen Seifen (Einkommensparameter) bzw. Waschhilfs- und Geschirrspülmittel (Preisparameter), die Einzeleinflüsse der Variablen auf die Nachfrage nach diesen Produktgruppen sollten deshalb zusätzlich zurückhaltend interpretiert werden[9].

Festzuhalten bleibt jedoch, daß sich insgesamt, gemessen an den entsprechenden Statistikwerten, bei Berücksichtigung des Umweltbewußtseins eine Verbesserung der Schätzergebnisse einstellt. Wie zunächst erwartet, weisen die einzelnen Erzeugnisse deutliche Unterschiede bezüglich der Gesamtausgabenelastizitäten auf. Sehr hohe Reagibilitäten von etwa 2 vH sind für Geschirrspülmittel, Badezusatz- und Haarwaschmittel erkennbar. Auf der anderen Seite reagiert der Verbrauch von Voll- und Hauptwaschmitteln nur unterproportional auf die Veränderung der Gesamtausgaben, die Nachfrage nach Seifen ist sogar negativ mit ihnen korreliert. Die letztgenannte Erzeugnisgruppe weist demgegenüber eine vergleichsweise hohe – und den Erwartungen entsprechende negative – Preiselastizität auf, was ebenfalls für die Voll- und Hauptwaschmittel sowie die Haarwaschmittel gilt.

Aufgrund der vorliegenden Fragestellung von besonderer Bedeutung ist der Einfluß des Umweltbewußtseins auf die Entwicklung des Pro-Kopf-Verbrauchs. Zunächst ist festzuhalten, daß die in diesem Zusammenhang berechneten Elastizitäten mit Werten überwiegend deutlich unter 0,5 vH vergleichsweise gering ausfallen. Die oft geäußerte Auffassung, daß ein Anstieg des Umweltbewußtseins der Haushalte nicht zu einem dementsprechenden, proportionalen Rückgang des Verbrauchs umweltgefährdender Erzeugnisse führt[10], scheint sich somit auch hier zu bestätigen. Der Verbrauchsrückgang bei Waschhilfsmitteln scheint am ehesten durch das steigende Umweltbewußtsein der Haushalte verursacht worden zu sein, die entsprechende Elastizität beträgt etwa –0,5 vH. Ähnliches gilt für die Seifen. Des weiteren ist die zuvor angesprochene Substitution von Universalwaschmitteln durch Spezial- und Feinwaschmittel wohl auch durch die zunehmende Umweltsensibilisierung der Verbraucher determiniert; hierfür spricht die positive Elastizität bei Spezialwaschmitteln und die negative bei Universalwaschmitttteln.

Zumindest bis 1989 wenig Einfluß hatte das Umweltbewußtsein auf die Verbrauchsentwicklung von Geschirrspülmitteln und Haarsprays, wobei eine Aufteilung der

---

9 Multikollinearität hat zur Folge, daß sowohl die Parameter als auch die t-Werte verzerrt sind, die Einzeleinflüsse können nicht mehr voneinander getrennt werden.

10 Vgl. z.B. H. Gierl, S. 2ff.

Spülmittel in Hand- und Maschinengeschirrspülmittel möglicherweise andere Ergebnisse ergeben hätte[11]. Festzuhalten bleibt allerdings, daß eine weitere Steigerung des Umweltbewußtseins – bzw. des Anteils umweltbewußter Haushalte – allein für eine maßgebliche Verbrauchsreduzierung umweltbelastender Erzeugnisse nicht ausreicht und nur geringe Effekte haben dürfte, da die Spanne zwischen Umweltbewußtsein und tatsächlichem Handeln zumindest bis 1989 noch relativ groß gewesen zu sein scheint[12]. Mindestens ebenso wichtig ist eine Erhöhung der entsprechenden Reagibilitäten, also des Einflusses des bestehenden Umweltbewußtseins auf das tatsächliche Verbrauchsverhalten der Haushalte.

Wie erwähnt sollten die vorgestellten Ergebnisse aufgrund der angesprochenen Probleme lediglich als Tendenzaussagen aufgefaßt werden. Insbesondere ist darauf hinzuweisen, daß tatsächlich nicht der Einfluß des „gesamtgesellschaftlichen Umweltbewußtseins" erfaßt wurde, sondern lediglich die Auswirkungen einer Erhöhung des Anteils umweltbewußter Haushalte auf den Pro-Kopf-Verbrauch ausgewählter Haushaltschemikalien. Die Ergebnisse dürften jedoch zumindest teilweise auch für andere als umweltsensibel eingestufte Produktgruppen (vgl. Übersicht 1) gelten. So ist z.B. die Pro-Kopf-Produktion von Haushaltsartikeln aus Kunststoffen (einschl. Gebrauchs- und Gartenartikel) von 1,9 kg im Jahre 1975 auf 2,9 kg im Jahre 1989 angestiegen. Und trotz zunehmenden Umweltbewußtseins hat sich die Produktion von Kunststofftragetaschen innerhalb des selben Zeitraumes von 0,6 kg auf etwa 1,2 kg verdoppelt. Neben den eigentlichen Gebrauchsartikeln aus Kunststoffen stehen seit einiger Zeit im Zusammenhang mit der Diskussion um die Verpackungsmüllproblematik auch Kunststoffverpackungen im Mittelpunkt der Umweltpolitik. Nachfolgend soll deshalb auf die Getränkeverpackungen aus Kunststoffen und anderen Verpackungsmaterialien eingegangen werden.

2. Die Entwicklung im Bereich der Getränkeverpackungen

Im vorangegangenen Abschnitt wurde der Zusammenhang zwischen Umweltbewußtsein und Verhalten vor allem im Zusammenhang mit der Haushaltsproduktion analysiert. Verbrauch von Haushaltschemikalien steht im allgemeinen mit Reinigungsaktivitäten an Sachen oder Personen in Verbindung. Dabei wird die hierdurch entstehende Belastung der Umwelt vom Haushalt zumeist nicht direkt wahrgenommen, weil die auftretenden Abwässer durch die Kanalisation umgehend – und aufgrund der hohen Technisierung vieler Reinigungsvorgänge quasi „automatisch" – aus dem Blickfeld und Einflußbereich der Haushalte entfernt werden. Eine aktive Entsorgung durch den Haushalt ist in diesen Fällen oftmals somit nicht notwendig. Im Gegensatz dazu muß der Haushalt alle anderen entstehenden Abfälle aktiv entsorgen, wobei die hierfür aufzuwendende Zeit variiert, je nachdem, ob der Hausmüll sortiert und möglicherweise zu weiter entfernt liegenden Sammelcontainern gebracht wird oder aber der gesamte Hausmüll unsortiert in den hauseigenen Abfallbehälter gefüllt wird.

11 Eine derartige weitere Untergliederung war jedoch aufgrund des verfügbaren Datenmaterials nicht möglich.

12 Dies steht allerdings im Gegensatz zu Befragungsergebnissen, wonach auch beim Umweltverhalten der Haushalte ein positiver Trend zu erkennen sei; vgl. H. Heyder, S. 343, Abb. 2.

Die „Nähe" zum eigenverursachten Abfallaufkommen ist im Gegensatz zu den Abwässern größer, das Problembewußtsein deshalb mutmaßlich stärker ausgeprägt. Neuere Untersuchungen zur „Müllmoral" der Haushalte in der Bundesrepublik bestätigen zwar das hohe Problembewußtsein[13], auch hier stellt sich allerdings die Frage nach der Verhaltensrelevanz.

Wirtschaftspolitische Bedeutung erlangte die Diskussion über die Verringerung des Hausmüllaufkommens und die Vermeidung von Verpackungsabfällen mit der Ausarbeitung einer Verpackungsverordnung durch das Bundesumweltministerium sowie mit dem Konzept der „dualen Abfallwirtschaft" der Wirtschaft. Zum Ende des Jahres 1990 wurde vom Bundeskabinett in diesem Zusammenhang die Verpackungsverordnung nach § 14 Abfallgesetz beschlossen. Zu einer besseren Einordnung der hierin enthaltenen Maßnahmen[14] sollen nachfolgend anhand eines Teilsegmentes des gesamten Verpackungsaufkommens, der Getränkeverpackungen, die entsprechenden Entwicklungstendenzen sowie die wichtigsten Gründe hierfür aufgezeigt werden.

2.1. Entwicklungstendenzen des Getränkeverpackungsaufkommens

Die Entwicklung der Getränkeverpackungen ist dadurch gekennzeichnet, daß sich die Anzahl der von den Abfüllern zugekauften Einwegverpackungen von 2,1 Mrd. Stück im Jahre 1970 auf 9,3 Mrd. Stück im Jahre 1986 mehr als vervierfacht hat (vgl. Tabelle 10)[15]. Demgegenüber hat die Zahl der Zukäufe von Mehrwegverpackungen zwar gegenüber dem Jahr 1980 von 590 Mill. auf 720 Mill. Stück zugenommen, im Vergleich zum Jahre 1970 ist sie jedoch um 100 Mill. Stück zurückgegangen, so daß auf eine hinzugekaufte Mehrwegverpackung 1986 13 Einwegverpackungen fielen; 1970 war noch ein Verhältnis von 1 zu 2,6 zu beobachten.

Die Struktur der hinzugekauften Einwegverpackungen hat sich seit dem Beginn der siebziger Jahre deutlich verändert. So ging der Anteil der Glasverpackungen von 76 vH auf nur noch 37 vH zurück. Demgegenüber stieg der Anteil der Weißblechverpackungen von 13 vH auf 31 vH. Deutliche Zuwächse konnten auch Block-Hypa- sowie Aluminium-Verpackungen verzeichnen. Entsprechend der Struktur der Zukäufe entwickelte sich die Abfallmenge der Getränkeverpackungen, wobei das Abfallaufkommen insgesamt in der ersten Hälfte der achtziger Jahre weit weniger stark angestiegen ist als noch in der ersten Hälfte der siebziger Jahre. Bei einem Volumen von ca. 1,8 Mill. t im Jahre 1986 entfielen über drei Viertel auf Einwegverpackungen, 1970 betrug der Anteil lediglich 65 vH. Bei der hier vorgenommenen volumenmäßigen Betrachtung ist allerdings zu bedenken, daß zum einen hinter den Gewichtsanteilen unterschiedliche Volumenanteile (in m^3) stehen können. Dies ist vor allem im Hinblick auf den zur Verfügung stehenden Deponieraum von Bedeutung. Zum anderen unterschätzt eine derartige Betrachtung die Bedeutung von Einwegverpackungen, da diese

---

13 Vgl. hierzu die Ergebnisse einer Untersuchung der GfK in Nürnberg. O.V., Abfallproblematik aus Verbrauchersicht. „Markenartikel", Jg. 53 (1992), S. 8f.

14 Zum Inhalt vgl. Verordnung über die Vermeidung von Verpackungsabfällen (Verpackungsverordnung – VerpackV) vom 12. Juni 1991. (BGBl I, S. 1234ff.).

15 Die zugrundegelegten Zahlen wurden entnommen aus Umweltbundesamt (Hrsg.) [III], Verpackungen für Getränke. 5. Fortschreibung 1970 bis 1986. Berlin, ohne Erscheinungsjahr.

Tabelle 10

Zur Entwicklung der Getränkeverpackungen

1970 bis 1986

	1970	1975	1980	1986
		in Mill. Stück		
Zukäufe von				
Mehrwegverpackungen	846,5	806,4	586,3	722,9
Einwegverpackungen	2 147,4	4 300,8	7 049,7	9 349,7
		in vH		
davon:				
Glas	76,1	62,6	46,3	37,3
Weißblech	12,7	19,4	28,4	31,1
Aluminium	1,3	2,8	2,8	4,2
PVC	0,7	3,6	2,9	2,2
PET	0	0	0	0,2
Block Hypa	6,1	4,4	15,2	21,3
Beutel und Becher	3,1	7,2	4,4	3,7
		in 1 000 t		
Entstehende Abfallmenge	1 213,8	1 622,9	1 710,2	1 780,2
		in vH		
Mehrwegverpackungen	35,4	27,7	19,7	22,5
Einwegverpackungen	64,6	72,3	80,3	77,5
		in 1 000 t		
Recyclingmengen				
Mehrwegverpackungen	–	26,6	75,1	176,5
		in vH		
davon:				
Glas	–	96,2	98,8	98,6
Umverpackung	–	–	–	1,4
		in 1 000 t		
Einwegverpackungen	–	112,8	289,1	507,1
		in vH		
davon:				
Glas	–	26,2	47,3	47,9
Weißblech	–	7,8	7,3	6,5
Umverpackung	–	48,7	20,1	11,3
Sonstige	–	17,3	25,3	34,3
		in 1 000 t		
Zu beseitigende Abfallmenge	1 178,8	1 439,7	1 342,1	1 086,5
		in vH		
Mehrwegverpackungen	36,4	29,2	19,5	19,7
Einwegverpackungen	63,6	70,8	80,5	80,3

Nach Angaben in Umweltbundesamt (Hrsg.) [III].

RWI ESSEN

Schaubild 3

Verbrauch ausgewählter Getränke

1970 bis 1988
in Mill. l

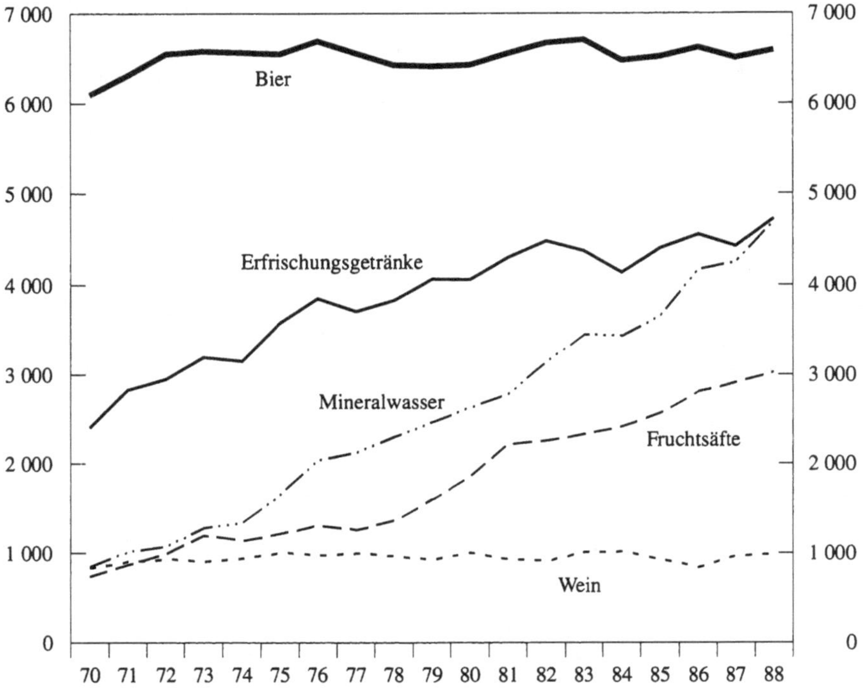

Nach Angaben in Umweltbundesamt (Hrsg.) [III] und Gesellschaft für Verpackungsmarktforschung (Hrsg.), Einweg- und Mehrwegverpackungen von Getränken. Wiesbaden 1989.

RWI ESSEN

(außer bei Glas) in der Regel in Relation zum Volumen deutlich leichter sind als Mehrwegverpackungen. Darüber hinaus muß in diesem Zusammenhang berücksichtigt werden, daß eine Reihe von Verpackungen aus unterschiedlichen Materialien besteht, eine Sortierung aber nur nach dem Schwerpunkt des entsprechenden Verpackungsmaterials vorgenommen werden kann.

Naturgemäß ist das Recyclingpotential bei Einwegverpackungen sehr viel größer als bei Mehrwegverpackungen, die entsprechende Relation betrug 1986 etwa 500 000 t gegenüber gut 170 000 t bei Mehrwegbehältern. Von besonderer Bedeutung ist die Entwicklung der Recyclingquoten – hier berechnet als Recyclingmenge in vH der entstehenden Abfallmenge. So stieg die Quote bei Mehrwegverpackungen von 6 vH im Jahre 1975 auf 45 vH im Jahre 1986. Allerdings dürfte in diesem Zusammenhang weniger die Recyclingbereitschaft der Haushalte, sondern eher die der Abfüller eine

Schaubild 4

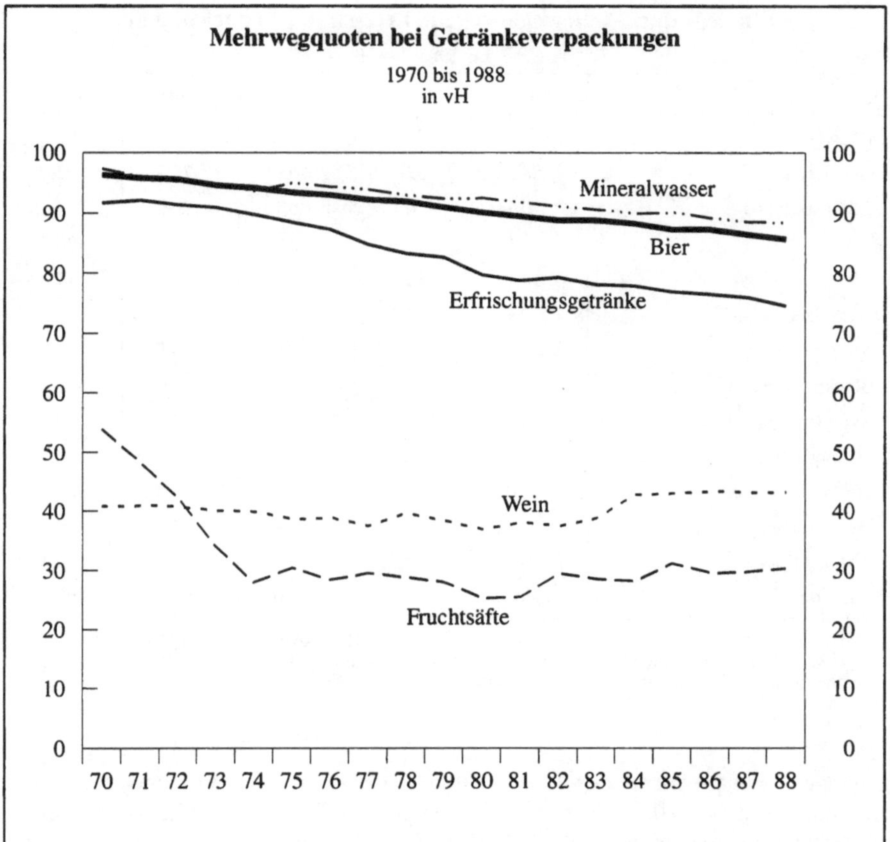

Nach Angaben in Umweltbundesamt (Hrsg.) [III] und Gesellschaft für Verpackungsmarktforschung (Hrsg.).

Rolle spielen[16] im Gegensatz zur Entwicklung des Anteils bei Einwegverpackungen. Hier nahm die Quote von 10 vH auf 37 vH weit weniger stark zu, was auch dadurch bedingt sein mag, daß es sich im Gegensatz zu den Mehrwegverpackungen – die bis 1986 fast ausschließlich aus Glas bestanden – auch um andere Materialien handelt, bei denen die Deponiermöglichkeit (Sammelcontainer) nur in seltenen Fällen gegeben war. Den größten Anteil der wiederverwertbaren Einwegverpackungen stellen solche aus Glas mit etwa 48 vH, gefolgt von sonstigen Verpackungen, deren Anteil sich gegenüber 1975 auf 34 vH verdoppelt hat. Demgegenüber ist die Bedeutung der Recyclingmengen von Weißblech leicht und von Umverpackungen sehr stark zurück-

16 Möglicherweise bestehen zwischen den Abfüllern und der Glasindustrie ähnliche vertragliche Vereinbarungen wie innerhalb der Weißblechindustrie, die seit 1977 eine Arbeitsgemeinschaft Recycling unterhält. Vgl. hierzu auch S. Rümmele, Weißblech und kein Ende. Marktentwicklung und Geschichte des Metallrecyclings. „Umweltmagazin“, Würzburg, Jg. 1990, Heft 11, S. 20.

Tabelle 11

Einweg- und Mehrweganteile bei Getränkeverpackungen[1] 1970 bis 1988; in vH					
	1970	1975	1980	1985	1988
Mehrweg	88,4	83,0	77,0	75,0	73,3
Glasflaschen	88,2	82,9	76,9	74,7	73,0
Altglasflaschen	0,2	0,1	0,1	0,2	0,3
Einweg	11,6	17,0	23,0	25,0	26,7
Glas	10,1	12,2	12,7	11,3	11,5
Weißblech	0,9	2,1	4,2	5,3	5,5
Aluminium	0,1	0,3	0,4	0,8	0,7
Blockpackung	0,2	0,3	4,0	6,0	6,2
Hypapackung	0,1	0,3	0,4	0,2	0,3
Standbeutel	0,3	0,3	0,3	0,3	0,3
PE/PVC-Flaschen	0,0	0,1	0,1	0,0	0,0
PET-Flaschen	–	–	–	0,1	0,7
Kunststoffbecher	0,1	0,2	0,1	0,1	0,1
Insgesamt	100,0	100,0	100,0	100,0	100,0

Nach Angaben in Umweltbundesamt (Hrsg.) [III] sowie Gesellschaft für Verpackungsmarktforschung (Hrsg.). – Differenzen in den Summen durch Runden der Zahlen. – [1]Mineralwasser, Fruchtsäfte, Erfrischungsgetränke, Bier und Wein. RWI ESSEN

gegangen. Entsprechend der Entwicklung der Abfallentstehung und der Recyclingquoten ist die zu beseitigende Abfallmenge sei 1975 von 1,4 Mill. t auf 1,1 Mill. t nur leicht zurückgegangen, wobei 80 vH aus Einwegverpackungen besteht.

Wichtigste Einflußgröße des Getränkeverpackungsaufkommens ist der Getränkeverbrauch. Dieser nahm für die in der nachfolgenden Analyse berücksichtigten Getränke[17] von 10,9 Mrd. l im Jahre 1970 auf 20 Mrd. l im Jahre 1988 zu. Während der Verbrauch von Bier und Wein relativ konstant bei 6,5 Mrd. bzw. 1 Mrd. l pro Jahr stagniert, verzeichnen Fruchtsäfte und Erfrischungsgetränke seit 1970 einen kontinuierlichen Verbrauchszuwachs (vgl. Schaubild 3). Der Absatz von Mineralwasser nahm von 1 Mrd. l auf 5 Mrd. l besonders stark zu. Für das Niveau und die Struktur des Getränkeverpackungsaufkommens ist die Entwicklung der Einweg- bzw. Mehrweganteile von Relevanz. Schaubild 4 zeigt die Entwicklung der Anteile von mehrwegverpackten Getränken am Gesamtverbrauch (Mehrwegquote) für unterschiedliche Getränkesorten. Erkennbar ist eine seit 1970 kontinuierlich rückläufige Mehrwegquote bei Mineralwasser und Bier sowie bei Erfrischungsgetränken. Bei diesen Getränkesorten betrug die Mehrwegquote 1988 jedoch immerhin noch zwischen 74 vH und 89 vH, somit also weit mehr als bei Fruchtsaftgetränken und bei Wein.

17 Hierbei handelt es sich um Bier, Mineralwasser, Erfrischungsgetränke (mit CO_2), Fruchtsäfte (ohne CO_2) und Wein.

Im Durchschnitt aller Getränkesorten nahm die Mehrwegquote von 88,4 vH im Jahre 1970 auf 73,3 vH im Jahre 1988 ab (vgl. Tabelle 11). Die kontinuierliche Zunahme des Anteils der Einwegverpackungen ist vor allem auf die überproportionale Zunahme der Weißblech- und der Blockverpackungen zurückzuführen. Demgegen über ist bei Einwegverpackungen aus Glas nach einem Anteilsgewinn im Zeitraum 1970 bis 1980 lediglich ein unterproportionaler Zuwachs zu erkennen. Im Hinblick auf diese Entwicklungen ist somit festzuhalten, daß trotz des insbesondere in den achtziger Jahren stark angestiegenen Umweltbewußtseins der Haushalte der Anteil der Getränke in Einwegverpackungen bis 1989 zugenommen hat.

2.2. Determinanten des Getränkeverpackungsaufkommens – ein Getränkeverpackungsmodell

Neben der Möglichkeit, daß sich auch hier Bewußtsein und tatsächliches Kaufverhalten im Widerspruch befinden, ist eine Reihe weiterer Gründe für diese Entwicklung denkbar. So könnte der Rückgang der relativen Preise für einwegverpackte Getränke im Vergleich zu denen für mehrwegverpackte Getränke die Ausweitung der Einwegverpackungen begünstigt haben. Bis 1988 haben sich insbesondere die Getränke, für die zuvor deutliche Anteilsgewinne nachgewiesen wurden – solche in Weißblech- bzw. in Blockverpackungen –, in Relation zu mehrwegverpackten verbilligt (vgl. Tabelle 12)[18]. Dies gilt bereits dann, wenn das bei Mehrwegverpackungen zu entrichtende Pfand noch nicht hinzugerechnet wird. Wird es hinzugerechnet, fallen die entsprechenden Entwicklungsunterschiede noch deutlicher aus. Als weiterer Bestimmungsfaktor kommt möglicherweise die Identifizierung bestimmter Getränkesorten mit einer Verpackungsart oder aber der geringere zeitliche und physische Aufwand sowohl beim Kauf von einwegverpackten Getränken als auch bei der Beseitigung der Verpackungen hinzu.

2.2.1. Modellstruktur und Schätzergebnisse

Die Zusammenhänge zwischen Niveau und Struktur des Getränkeverbrauchs, sowohl nach Getränkesorten als auch nach Verpackungsarten, und der Preisentwicklung auf der einen sowie zwischen Niveau und Struktur des Abfallaufkommens und dem Getränkeverbrauch auf der anderen Seite sollen nachfolgend anhand eines einfach strukturierten Modells abgebildet werden, um zum einen wichtige Einflußgrößen und ihre jeweilige Bedeutung für die einzelnen Komponenten zu identifizieren und zum anderen die Auswirkungen von Preisvariationen auf die Abfallentwicklung aufzuzeigen.

18 Mangels entsprechenden Datenmaterials wurden die Preise für Getränke in Einwegverpackungen als Produkt aus den relativen Produktionspreisen der jeweiligen Getränkeverpackung und dem relativen Getränkepreis ermittelt. Der relative Preis für mehrwegverpackte Getränke wurde dem der amtlichen Statistik entnommenen Preis gleichgesetzt, da die hier aufgeführten Produkte mehrheitlich als solche in Mehrwegverpackungen (ohne Pfand) ausgewiesen werden. Vgl. Statistisches Bundesamt (Hrsg.) [III], Preise und Preisindizes für die Lebenshaltung. (Fachserie 7: Preise, Reihe 7.) Stuttgart, lfd. Jgg.

Tabelle 12

Abweichung der relativen Preise für Einwegverpackungen von denen für Mehrwegverpackungen[1] bei Getränken

1975 bis 1989; in vH

Material der Einwegverpackung	1975	1980	1985	1986	1987	1988	1989
Glas	4,1	0,0	-7,5	-5,5	-9,1	-11,6	-15,7
Weißblech	-7,0	0,0	-15,8	-19,8	-27,5	-26,6	-30,3
Aluminium	11,6	0,0	-4,6	-14,8	-20,1	-7,7	-6,6
Block/Hypa	-1,3	0,0	-17,1	-16,8	-15,0	-18,1	-14,6
PVC/PET	-1,3	0,0	-17,1	-16,8	-15,0	-18,1	-14,6

Eigene Berechnungen. Erläuterungen vgl. Text. – [1]Ohne Berücksichtigung von Pfand. RWI ESSEN

Der Aufbau des Modells ist wie folgt (vgl. Schaubild 5): Zunächst wird der Verbrauch von Getränken in Einwegverpackungen, getrennt nach Getränkesorten und Verpackungsmaterialien, mittels des Getränkeverbrauchs der entsprechenden Sorte insgesamt sowie des relativen Preises erklärt. Um möglicherweise vorhandene direkte Substitutionsbeziehungen zwischen unterschiedlichen Verpackungsmaterialien identischer Getränkesorten einzubeziehen, etwa zwischen Glas-, Weißblech- und Blockverpackungen, wird der entsprechende Getränkeverbrauch als weitere erklärende Variable berücksichtigt. Zusätzlich wird bei der Erklärung des Verbrauchs von in Einwegglas- sowie in Blockverpackungen abgefüllten Getränken das Umweltbewußtsein der Haushalte einbezogen, da möglicherweise die „Recyclingfähigkeit" dieser Verpackungen im Vergleich zu anderen Einwegverpackungen von den Haushalten als besonders hoch angesehen wird[19].

In einem nächsten Erklärungsschritt wird sowohl die gesamte entstehende Abfallmenge an Einwegverpackungen als auch die Recyclingmenge, getrennt nach den einzelnen Verpackungsmaterialien, durch den gesamten Verbrauch von Getränken der entsprechenden Verpackungsmaterialien erklärt. Zusätzlich wird auch hier das Umweltbewußtsein der Haushalte als erklärende Variable für die Recyclingmenge herangezogen. Die zu beseitigende Abfallmenge schließlich wird als Differenz zwischen entstehender und recycelter Menge definiert.

Der Verbrauch von in Mehrwegverpackungen abgefüllten Getränken, unterteilt nach den verschiedenen Getränkesorten, ergibt sich definitorisch aus dem Getränkeverbrauch insgesamt abzüglich des Verbrauchs von Getränken in Einwegverpackungen. Die Erklärung der entstehenden Abfallmenge sowie der Recyclingmenge wird analog zur Erklärung der Einwegverpackungen durchgeführt, allerdings mit der Ausnahme, daß die Recyclingmenge von Mehrwegverpackungen nicht vom Umweltbewußtsein der Haushalte abhängt, da – wie erwähnt – hier wohl eher das Verhalten der

19 Dies kann damit begründet werden, daß in den meisten Regionen der Bundesrepublik Altglas- sowie Altpapiercontainer dominieren, Sammelstellen für Weißblechdosen dagegen nur selten zu finden sind.

Schaubild 5

Aufbau des „Getränkeverpackungsmodells“

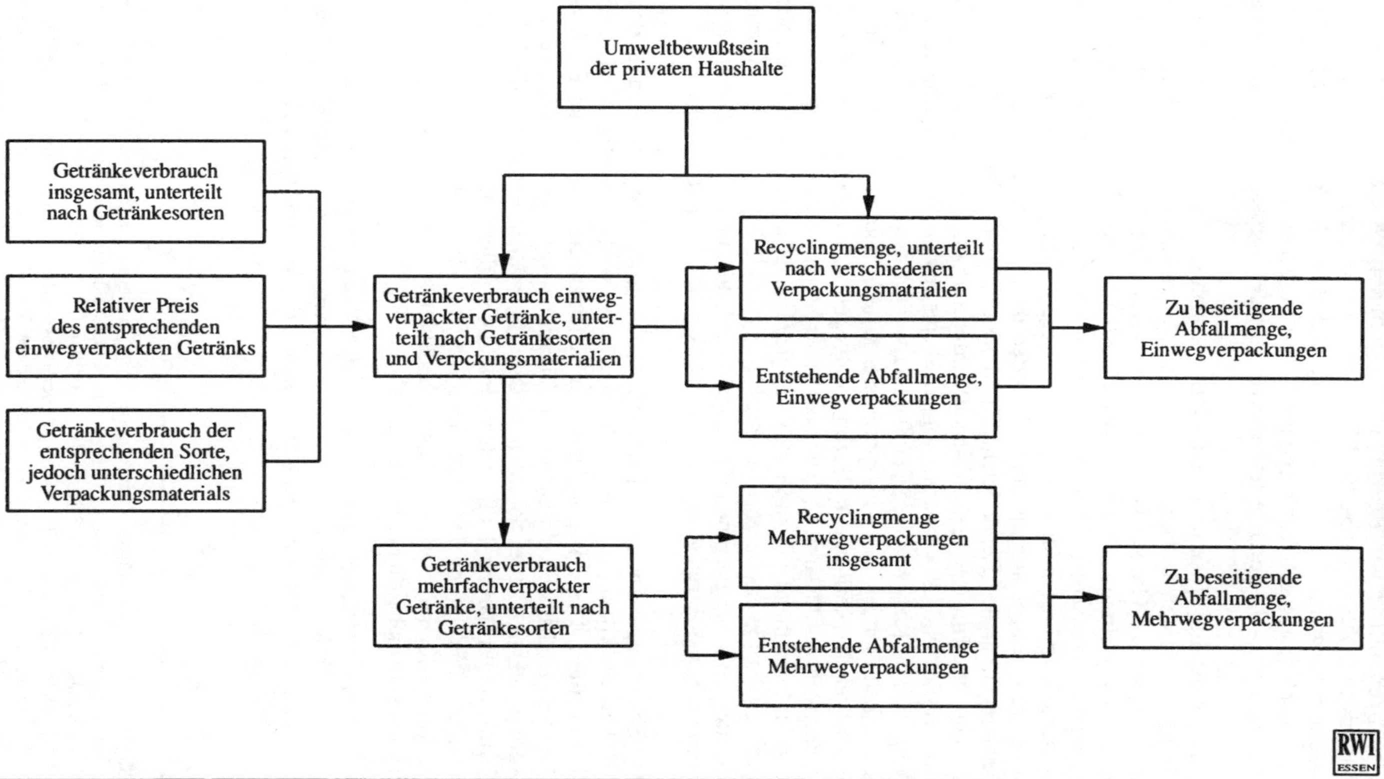

Getränkeindustrie von Bedeutung ist. Definitorisch ergibt sich wiederum die zu beseitigende Abfallmenge für Mehrwegverpackungen. Neben den genannten Einflußfaktoren wurde dann, wenn das vorgestellte Erklärungsmodell keine befriedigenden Ergebnisse ergab, der Trend bzw. – zur Berücksichtigung einer konjunkturellen Komponente – die Veränderungsrate des Privaten Verbrauchs berücksichtigt.

Das vorgestellte Modell zeigt eine deutlich nachfrageorientierte Konzeption, obwohl für die erwähnte Ausweitung der Einwegverpackungen in der Vergangenheit auch angebotsseitige Gründe verantwortlich waren. Die Gründe liegen vor allem auf betriebswirtschaftlicher Ebene sowohl bei den Getränke-Abfüllern als auch beim Handel. Zunächst ist eine Mehrwegverpackung für den Abfüller kostengünstiger, weil Anschaffungskosten für Einwegverpackungen eingespart werden. Diese Kostenvorteile werden aber aus mehreren Gründen überkompensiert[20]. So sind Einwegverpackungen in der Regel leichter und sparen somit Transportkosten, wobei der Kostenvorteil mit steigender Transportentfernung zunimmt. Da die Leergutaufbewahrung entfällt und Einwegverpackungen ein bis zu zwei Drittel geringeres Volumen im Vergleich zu Mehrwegverpackungen aufweisen, wird zusätzlich Lagerraum eingespart. Insbesondere die Transportkostenvorteile kommen zentralen Strukturen bei Getränkeherstellern und im Handel entgegen[21]. Der „Siegeszug" der Einwegverpackungen wurde damit auch von der in der Vergangenheit beobachteten Konzentration im Einzelhandel begünstigt. Wenngleich diese angebotsseitigen Determinanten nicht explizit in das beschriebene Erklärungsmodell aufgenommen wurden, werden die hiervon ausgegangenen Wirkungen durch die unterschiedliche Preisentwicklung von ein- bzw. mehrwegverpackten Getränken implizit mit berücksichtigt.

Die Schätzungen zur Quantifizierung der Zusammenhänge wurden für den Zeitraum 1975 bis 1988 bzw. bis 1986 (bei den Recycling- und zu beseitigenden Abfallmengen) durchgeführt. Die Erklärungsgüte der Schätzansätze kann unter Berücksichtigung ihrer vergleichsweise einfachen Spezifikation insgesamt als befriedigend angesehen werden, wenngleich zu beachten ist, daß einige Ansätze lediglich die Minimalanforderung der Erklärung der Trendentwicklung erfüllen. Dies gilt insbesondere für den Ansatz zur Erklärung des Verbrauchs von Erfrischungsgetränken in Aluminiumverpackungen, deren Anteil allerdings unbedeutend ist. Die einzelnen Ergebnisse ergeben jedoch kein einheitliches Bild (vgl. Tabelle 19):

- Den Erwartungen entsprechende signifikant negative Preisreagibilitäten konnten für den Verbrauch von Bier und Erfrischungsgetränken in (Einweg-) Glas- und in Weißblechverpackungen sowie für den von Wein in Blockverpackungen festgestellt werden.

20 Vgl. hierzu z.B. A.J. Fusser, Getränkeverpackungssteuern – der Königsweg zur Abfallvermeidung? In: H.G. Nutzinger und A. Zahrnt (Hrsg.), Ökosteuern. Umweltsteuern und Abgaben in der Diskussion. (Alternative Konzepte, Nr. 73.) Karlsruhe 1989, S. 125.

21 Als weitere Gründe sind u.a. geringere Personalkosten, die bei Mehrwegverpackungen für Rücknahme, Sortierung, Reinigung usw. entstehen, zu nennen. Vgl. H. Donner, Instrumente des Umweltschutzes im Bereich der Getränkeverpackungssysteme. „Zeitschrift für Umweltpolitik und Umweltrecht", Jg. 13 (1990), S. 121.

- Signifikant positive Preisreagibilitäten wurden für den Verbrauch von Mineralwasser in PVC/PET-Verpackungen, von Erfrischungsgetränken in Aluminiumverpackungen sowie von Fruchtsäften in Weißblechverpackungen ermittelt.
- Eine direkte Substitutionsbeziehung wurde für Fruchtsaftgetränke in Block- und PVC-Verpackungen festgestellt.
- Einen signifikant positiven Einfluß hat das Umweltbewußtsein den Schätzergebnissen zufolge lediglich auf den Verbrauch von Fruchtsaftgetränken in (Einweg-) Glasverpackungen sowie auf die Recyclingmenge von Einwegglas. Negativ beeinflußt wurde allerdings die gesamte entstehende Abfallmenge bei Einwegverpackungen – ein Hinweis darauf, daß der Anstieg des Verbrauchs von Getränken, die in Weißblech, Aluminium- oder sonstigen Einwegverpackungen abgefüllt werden, möglicherweise durch daß Umweltbewußtsein begrenzt wurde.

Ebenso wie die Schätzergebnisse selbst kann die ex post-Prognosegüte des Verpackungsmodells als zufriedenstellend angesehen werden (vgl. Tabelle 21). Zwar sind die mittleren Prognosefehler im Durchschnitt erheblich größer, als dies etwa für makroökonometrische Modelle der Fall ist. Dies liegt größtenteils allerdings an den im Durchschnitt verhältnismäßig wenigen Datenwerten. Aufgrund der Werte der Theil'schen Zerlegung ist davon auszugehen, daß das Modell sowohl die trendmäßige Entwicklung (niedriger UM-Wert) als auch die Fluktuationen (niedriger US-Wert) von Getränkeverbrauch und Abfallentwicklung über den Stützbereich adäquat nachvollzieht.

2.2.2. Auswirkungen einer Verpackungsabgabe auf Niveau und Struktur des Verpackungsaufkommens – Ergebnisse einer Simulationsrechnung

In Anbetracht der aufgezeigten Entwicklungstendenzen wurde im Rahmen der Verpackungsverordnung eine Reihe von Maßnahmen beschlossen, die auch das Ziel haben, den Mehrweganteil bei Getränkeverpackungen zumindest zu stabilisieren. Dies soll u.a. dann, wenn das „Duale Abfallsystem" nicht die geforderten Erfassungs- bzw. Sortierungsquoten erreicht, durch die Einführung eines Pflichtpfandes von 0,50 DM für alle Einwegverpackungen erreicht werden[22].

Abschließend soll der Frage nachgegangen werden, welche Auswirkungen von einer Erhöhung der Preise für Einwegverpackungen möglicherweise auf die Struktur des Getränkeverbrauchs, der Recyclingmenge sowie der zu beseitigenden Abfallmenge zu erwarten sind. Im Zusammenhang mit der Simulation einer Pfandregelung im Rahmen des vorgestellten Modells besteht allerdings das Problem, daß nur mit dem tatsächlichen, vom Pfand ausgehenden „Liquiditätseffekt" gerechnet werden dürfte. Dieser Effekt hängt vor allem davon ab, inwieweit die Verbraucher aufgrund des ansonsten verlorengehenden Pfandbetrages die Einwegverpackungen zum Händler zurückbrin-

22 Vgl. Verordnung über die Vermeidung von Verpackungsabfällen, § 6, § 7 und § 10.

gen[23]. Alternativ besteht demgegenüber die Möglichkeit, die Auswirkungen der Erhebung einer Verpackungsabgabe in Höhe des erwähnten Pfandbetrages zu analysieren. Der von einer Abgabe ausgehende Liquiditätseffekt entspricht dann, wenn eine Schrägwälzung der hierdurch entstehenden höheren Kosten durch den Handel ausgeschlossen wird[24], in etwa der Höhe der Abgabe. Interpretieren die Verbraucher ein Pfand als Abgabe, machen sie also keinen Gebrauch von der Rückgabe, sind die von beiden Maßnahmen ausgehenden Liquiditätseffekte naturgemäß identisch[25]. Da eine derartige Interpretation allerdings als wenig wahrscheinlich erscheint, soll nachfolgend davon ausgegangen werden, daß die angenommene Preiserhöhung das Resultat einer Abgabe ist, die nur auf Einwegverpackungen erhoben wird[26]. Hierbei ist zu berücksichtigen, daß eine Preiserhöhung von 0,50 DM prozentual unterschiedliche Verteuerungen der einzelnen Getränkesorten und Verpackungsarten nach sich zieht[27].

Des weiteren ist davon auszugehen, daß eine Verteuerung der Einwegverpackungen durch die Abgabe nicht, wie die geschätzten Reagibilitäten für einige Getränkesorten a priori vermuten lassen, zu einem Verbrauchszuwachs führen dürfte. Aus diesem Grunde wurden bei der Simulation die Variablen mit theoretisch nur schwer begründbaren Vorzeichen konstant gehalten, obwohl Erfahrungen aus den Vereinigten Staaten zeigen, daß durchaus der unerwünschte Nebeneffekt eintreten kann, daß die Einführung eines Pfandes zu einer deutlichen Erhöhung der Marktanteile etwa für PET-Kunststoffflaschen führt[28]. Dieser Substitutionseffekt kann dann eine Rolle spielen, wenn sowohl der Handel als auch die Konsumenten die im Vergleich zu Mehrwegglasflaschen leichteren und bruchsicheren Kunststoff-Verpackungen trotz der Preiserhöhung vorziehen.

Wie aus der Tabelle 13 hervorgeht, nimmt vor allem der Verbrauch von in Weißblechverpackungen abgefüllten Getränken ab. Weniger stark ist die Abnahme des Konsums von Getränken in Block/Hypaverpackungen und in Einwegglasverpackungen. Da der Verbrauch von einwegverpackten Getränken insgesamt abnimmt, geht die entstehende

---

23 Vgl. D. Ewringmann, Zur Effizienz eines Zwangspfandes auf ausgewählte Getränkeverpackungen. Köln 1986, S. 30.

24 Schrägwälzung liegt beispielsweise vor, wenn die von einer Abgabe auf Einwegverpackungen ausgehende Kostenerhöhung nicht in den Preisen für einwegverpackte Getränke, sondern in denen für mehrwegverpackte Getränke an den Endverbraucher weitergegeben wird. Die in der Litaratur diskutierte Bewertung einer Pfand- oder einer Abgabenlösung wird maßgeblich durch unterschiedliche Annahmen über die Möglichkeit einer Schrägwälzung beeinflußt. Eine derartige Schrägwälzung wird nachfolgend ausgeschlossen. Vgl. hierzu E. Feess-Dörr, U. Steger und P. Weihrauch, Strategien zur Reduktion der Umweltbelastungen durch Einwegverpackungen. Eine Kritik der Verpackungsverordnung vom Mai 1991. „Zeitschrift für Umweltpolitik und Umweltrecht", Jg. 14 (1991), S. 349ff., und die dort angegebene Literatur.

25 Zu den grundsätzlichen Problemen sowohl eines Pfandes als auch einer Abgabe vgl. weiter unten, Abschnitt 3 im fünften Kapitel.

26 Im Gegensatz dazu schlagen Feess-Dörr u.a. eine nicht nach Produkten, sondern nach Verpackungsmaterialien (Schadstoffen) differenzierte Abgabe auf alle Verpackungen, also auch auf Mehrwegverpackungen vor. Vgl. E. Feess-Dörr, U. Steger und P. Weihrauch, S. 367f.

27 Im Durchschnitt aller Einwegverpackungen bedeutet die Abgabe eine Preiserhöhung bei Bier um 50 vH, Mineralwasser um 100 vH, Erfrischungsgetränken um 60 vH, Fruchtsäften um 27 vH und Wein lediglich um 13 vH.

28 Vgl. D. Ewringmann, S. 84, sowie H. Donner, S. 124.

Tabelle 13

Auswirkungen einer Verpackungsabgabe auf Niveau und Struktur der Getränkeverpackungen

1988; Abweichung von der Basislösung in vH

	Abweichung
Einwegverpackungen	
Getränkeverbrauch	-16,3
Glas	-15,0
Weißblech	-43,8
Aluminium	-0,7
PVC/PET[1]	-
Block/Hypa	-3,0
Entstehende Abfallmenge	-11,7
Recyclingmenge	-17,6
Glas	-25,1
Weißblech	-44,5
Sonstige	-2,6
Zu beseitigende Abfallmenge	-18,0
Mehrwegverpackungen	
Getränkeverbrauch	6,4
Bier	7,4
Mineralwasser	1,9
Erfrischungsgetränke	11,1
Fruchtsäfte	3,8
Wein	3,5
Entstehende Abfallmenge	20,3
Recyclingmenge	27,4
Zu beseitigende Abfallmenge	11,2

Eigene Berechnungen. – [1]Mengen wurden konstant gehalten. Vgl. die Erläuterungen im Text. RWI ESSEN

Abfallmenge, aber auch die Recyclingmenge zurück, was einen Rückgang der zu beseitigenden Abfallmenge an Einwegverpackungen von etwa 18 vH zur Folge hat. Die Verteuerung der in Einwegverpackungen abgefüllten Getränke zieht erwartungsgemäß insgesamt einen Verbrauchszuwachs bei mehrwegverpackten Getränken nach sich, besonders stark profitieren Erfrischungsgetränke. Zwar nimmt aufgrund des Verbrauchszuwachses sowohl die entstehende Abfallmenge von Mehrwegverpackungen als auch die Recyclingmenge zu, da aber die Recyclingmenge überproportional ansteigt, erhöht sich die zu beseitigende Abfallmenge lediglich um ca. 11 vH.

Die vorangegangene Analyse hat gezeigt, daß eine generelle Verteuerung von Einwegverpackungen zumindest nicht bei allen Getränkesorten bzw. allen Verpackungsmaterialien zu einem Verbrauchsrückgang führen muß, da von entsprechend negativen Preisreagibilitäten des Getränkeverbrauchs nicht immer ausgegangen werden kann. Des weiteren muß bei einer Einführung von Abgaben auf Einwegverpackungen die Möglichkeit von unterschiedlichen Preisreagibilitäten auf der einen sowie direkten Substitutionsbeziehungen zwischen unterschiedlichen Verpackungsarten der jeweiligen Getränkesorten auf der anderen Seite beachtet werden. Dies könnte beispielsweise den unerwünschten Effekt haben, daß der Verbrauch von Einwegverpackungen mit einer hohen Recyclingquote im Vergleich zu solchen mit einer niedrigen Quote überproportional abnimmt und die Verringerung der zu beseitigenden Abfallmenge geringer ist als erwartet. In diesem Sinne ist beispielsweise der im Vergleich zur Verbrauchsentwicklung überproportionale Rückgang der Recyclingmenge bei Glas zu beurteilen.

Abschließend ist darauf hinzuweisen, daß im Rahmen der vorliegenden Analyse der Einfluß der Umlaufhäufigkeit von Mehrwegflaschen auf Niveau und Struktur des Getränkeverpackungsaufkommens nicht berücksichtigt werden konnte, da hierüber kein hinreichend zuverlässiges Datenmaterial zur Verfügung stand. Bei einem Ersatz von Einweg- durch Mehrwegverpackungen ist jedoch davon auszugehen, daß die aus abfallwirtschaftlicher Sicht bedeutsamen Umlaufzahlen deshalb zurückgehen, weil die Mehrwegverpackungen in das Segment des sog. „Gelegenheits- bzw. Unterwegsbedarfs“ eindringen, in dem die durchschnittlichen Umlaufzahlen von Mehrwegverpackungen deutlich niedriger sind als beim normalen „Haushaltsbedarf“[29].

3. Das Verkehrsverhalten der privaten Haushalte

Neben den Problembereichen Haushaltschemikalien und Verpackungsmüll steht seit geraumer Zeit vor allem die starke Zunahme des motorisierten Straßenverkehrs im Mittelpunkt der umweltpolitischen Diskussion. Im Jahre 1991 wurde der Verkehrspolitik nach dem Naturschutz die größte Aufmerksamkeit in den Medien zuteil[30]. Die mit dem Straßenverkehr einhergehenden Schäden in Form von Lärm, Schadstoffemissionen, Unfällen und Landschaftsverbrauch werden mittlerweile als so gravierend angesehen, daß beispielsweise bei erhöhtem Schadstoffgehalt in der Luft die Sperrung ganzer Innenstädte für den Autoverkehr erwogen wird[31]. Die Verbesserungen, die in Teilbereichen bisher erzielt wurden, können nur in geringem Ausmaß einem gestiegenen Umweltbewußtsein der Haushalte zugeschrieben werden. Sie sind vielmehr den zum Teil drastischen Eingriffen der Politik, etwa dem Verbot verbleiten Normalbenzins und der Vorschrift eines Drei-Wege-Katalysators für Neuwagen, zu verdanken. Vor diesem Hintergrund sollen nachfolgend die Entwicklung des Verkehrsverhaltens der privaten Haushalte aufgezeigt sowie die bisher diskutierten Ansatzpunkte für eine Reduzierung der verkehrsbedingten Umweltbelastungen analysiert werden.

---

29 Vgl. hierzu auch D. Ewrigmann, S. 109.

30 Vgl. O.V., Umweltberichterstattung. Naturschutz – ein Dauerbrenner. „iw-eil“, Köln, Jg. 1992, Nr. 5, S. 7.

31 Vgl. R. Eickeler, Töpfer will Kommunen Mut zum Handeln machen. „Handelsblatt“, Ausgabe vom 4. Juni 1991, S. 4.

Tabelle 14

Emissionen nach ausgewählten Verkehrsträgern und Schadstoffen

1966 bis 1989; in 1 000 t

Schadstoff/Verkehrsträger	1966	1970	1975	1980	1985	1989
Schwefeldioxid (SO_2)						
Straßenverkehr	52,3	64,7	73,5	67,0	51,7	47,9
LKW	40,9	49,6	53,1	44,2	33,3	28,5
PKW	11,4	15,1	20,4	22,8	18,4	19,4
Schienenverkehr	63,5	35,8	11,1	3,1	1,9	1,2
Ziviler Luftverkehr	0,5	1,0	1,2	1,6	1,8	2,5
Stickoxide (NO_2)						
Straßenverkehr	609,6	799,7	1059,3	1363,4	1484,0	1590,8
LKW	264,9	321,3	343,9	462,0	477,1	554,2
PKW	344,7	478,4	715,4	901,4	1006,9	1036,6
Schienenverkehr	33,9	34,7	31,0	27,5	23,2	20,7
Ziviler Luftverkehr	3,2	6,6	10,1	15,6	21,3	32,9
Staub						
Straßenverkehr	29,0	36,4	38,9	47,4	54,0	56,2
LKW	19,5	23,6	25,3	34,0	35,1	40,8
PKW	9,5	12,8	13,6	13,4	18,9	15,5
Schienenverkehr	61,4	32,6	9,0	4,5	3,8	3,4
Ziviler Luftverkehr	0,3	0,5	0,6	0,8	0,9	1,2
Kohlenmonoxid (CO)						
Straßenverkehr	6 291,2	8 393,3	9 686,5	8 442,1	5 958,8	5 765,7
LKW	68,2	82,7	88,5	118,9	122,8	142,6
PKW	6 223,0	8 310,6	9 598,0	8 323,2	5 836,0	5 623,1
Schienenverkehr	51,0	32,1	15,2	11,0	9,3	8,3
Ziviler Luftverkehr	15,5	24,4	26,6	27,6	25,8	36,9
Organische Verbindungen (VOC)						
Straßenverkehr	520,4	686,0	798,1	830,9	740,6	725,4
LKW	54,5	66,2	70,8	95,1	98,2	114,1
PKW	465,9	619,8	727,3	735,8	642,4	611,3
Schienenverkehr	7,0	6,9	6,1	5,4	4,6	4,1
Ziviler Luftverkehr	2,7	4,3	4,8	5,0	4,5	6,2

Nach Angaben des Umweltbundesamtes.

RWI ESSEN

3.1. Entwicklungstendenzen der Verkehrsleistungsnachfrage privater Haushalte

Entsprechend der herausragenden Bedeutung des Individualverkehrs sind Personenkraftwagen bei den meisten Schadstoffarten – soweit diese statistisch erfaßt werden –

die mit Abstand größten Emittenten (vgl. Tabelle 14). Dies gilt für Kohlenmonoxid, organische Verbindungen und Stickoxide. Während der Ausstoß von organischen Verbindungen und Kohlenmonoxid insbesondere seit dem Beginn der achtziger Jahre jedoch erheblich reduziert werden konnte, nahmen die Stickoxidemissionen des PKW-Verkehrs weiterhin zu, wenngleich nicht mehr so stark wie zuvor. Im Zusammenhang mit Schwefeldioxid- und Staubemissionen spielt der Lastkraftverkehr eine bedeutendere Rolle als der Personenkraftverkehr, und dies mit weiterhin steigender Tendenz. Der Rückgang der Schadstoffemissionen des Schienenverkehrs ist zum einen durch die Elektrifizierung des größten Teils des Schienennetzes, zum anderen durch die Abnahme des Verkehrsaufkommens bei der Personenbeförderung, vor allem aber bei der Güterbeförderung bedingt. Der Bedeutungszuwachs des Luftverkehrs spiegelt sich in dem von diesem Verkehrsträger verursachten Anstieg der Emissionswerte wider. Besonders stark zugenommen haben die Stickoxid- und die Kohlenmonoxidemissionen.

Die seit den sechziger Jahren stetig steigende Mobilität der Haushalte läßt sich auch in der Entwicklung der hierfür verwendeten finanziellen Mittel nachweisen. So stieg der Anteil verkehrsbezogener Ausgaben – hierzu zählen solche für Kraftfahrzeuge, Kraftstoffe, Reparaturen und Dienstleistungen für Kraftfahrzeuge sowie fremde Verkehrsleistungen[32] – am Privaten Verbrauch insgesamt in realer Rechnung von ca. 8 vH im Jahre 1960 auf 13 vH im Jahre 1989 an. Dieser Bedeutungszuwachs resultierte bekanntermaßen aus dem (unter konjunkturellen Schwankungen) überproportionalen Anstieg der Ausgaben für den Individualverkehr (vgl. Schaubild 6). Demgegenüber halbierte sich der Anteil der Ausgaben für fremde Verkehrsleistungen von etwa 3 vH im Jahre 1960 auf nur noch 1,5 vH im Jahre 1989.

Die Ausgaben für den Individualverkehr setzen sich aus denjenigen für Anschaffung, Wartung und Pflege des Kraftfahrzeuges sowie den Aufwendungen für Kraftstoffe zusammen. Der Kraftstoffverbrauch wiederum, eine der wesentlichen Quellen der vom Kraftfahrzeug ausgehenden Umweltbelastungen, hängt zunächst von der gesamten Fahrleistung der Personenkraftwagen ab. Diese verzehnfachte sich zwar zwischen 1960 und 1989 auf ca. 116 Mrd. km pro Jahr, während der siebziger und achtziger Jahre vor allem durch den Anstieg des PKW-Bestandes verursacht. Die durchschnittliche Fahrleistung pro PKW stieg demgegenüber lediglich zwischen den Jahren 1960 bis 1970 von 10 500 km auf 12 700 km an und verharrt seitdem in etwa bei diesem Wert. Hierbei ist jedoch zu berücksichtigen, daß ca. 20 vH aller Haushalte zwei oder mehr als zwei Kraftfahrzeuge besitzen[33].

Neben den genannten Größen PKW-Bestand[34] und durchschnittliche Fahrleistung sind der durchschnittliche Kraftstoffverbrauch sowie das individuelle Fahrverhalten als weitere Einflußfaktoren des gesamten Kraftstoffverbrauchs und damit der hiervon

---

32 Ausgaben für Kraftfahrzeugsteuern und -versicherungen zählen gemäß den Konventionen der VGR nicht zum Privaten Verbrauch.

33 Im Jahre 1988 betrug der Anteil der Haushalte mit zwei oder mehr als zwei PKW etwa 15 vH. Vgl. Statistisches Bundesamt (Hrsg.) [IV], Langlebige Gebrauchsgüter privater Haushalte. (Fachserie 15: Wirtschaftsrechnungen, Einkommens- und Verbrauchsstichprobe 1988, Heft 1.) Stuttgart 1990.

34 Sicherlich spielt auch die Altersstruktur des PKW-Bestandes eine Rolle.

Schaubild 6

Verkehrsbezogene Ausgaben der Privaten Haushalte

1960 bis 1989

Anteil am Gesamtverbrauch in vH

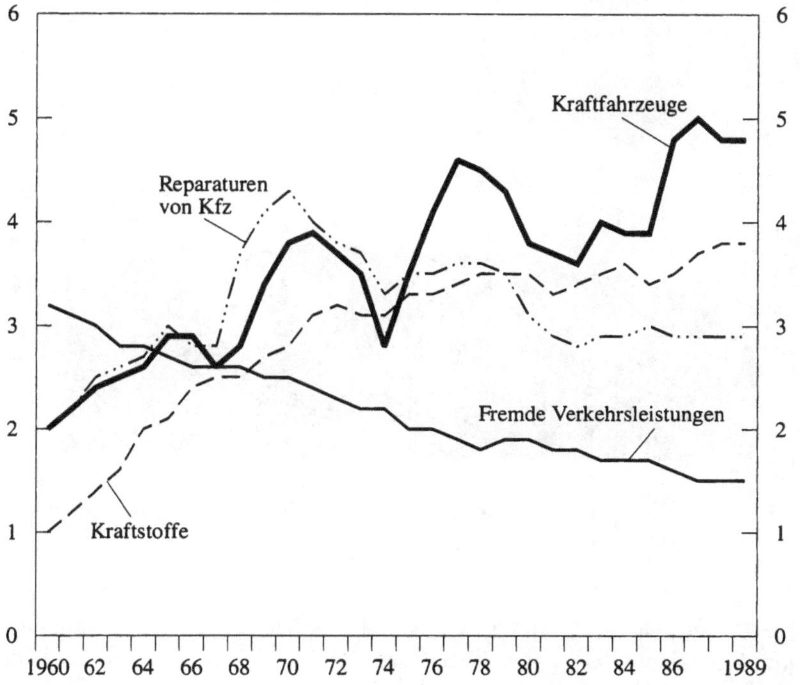

Eigene Berechnungen auf der Grundlage der Konsumverflechtungstabellen des RWI.

ausgehenden Belastungen von Bedeutung. Der durchschnittliche Kraftstoffverbrauch stieg von 1960 bis zum Beginn der siebziger Jahre an, seit dem Beginn der achtziger Jahre geht er wieder zurück.

Die Tatsache, daß trotz der aufgezeigten Entwicklungstendenzen der Kraftstoffverbrauch insgesamt in der Bundesrepublik immer noch, wenn auch deutlich verlangsamt, zunimmt, ist auf mehrere Ursachen zurückzuführen. So haben der durchschnittliche Hubraum und das Gewicht der Fahrzeuge zugenommen. Des weiteren ist vor allem seit 1985 ein deutlicher Anstieg der Durchschnittsgeschwindigkeit zu verzeichnen[35]. Neben der oftmals diskutierten Möglichkeit der Einführung einer Geschwindigkeitsbegrenzung sowie den bereits vorgenommenen Maßnahmen im technischen Bereich,

35 Vgl. N. Gorißen, The Need of Low Consuming and Emitting Automobiles. In: Organisation for Economic Co-Operation and Development and International Energy Agency (Eds.), Low Consumption – Low Emission Automobile. Paris 1991, S. 133.

Schaubild 7

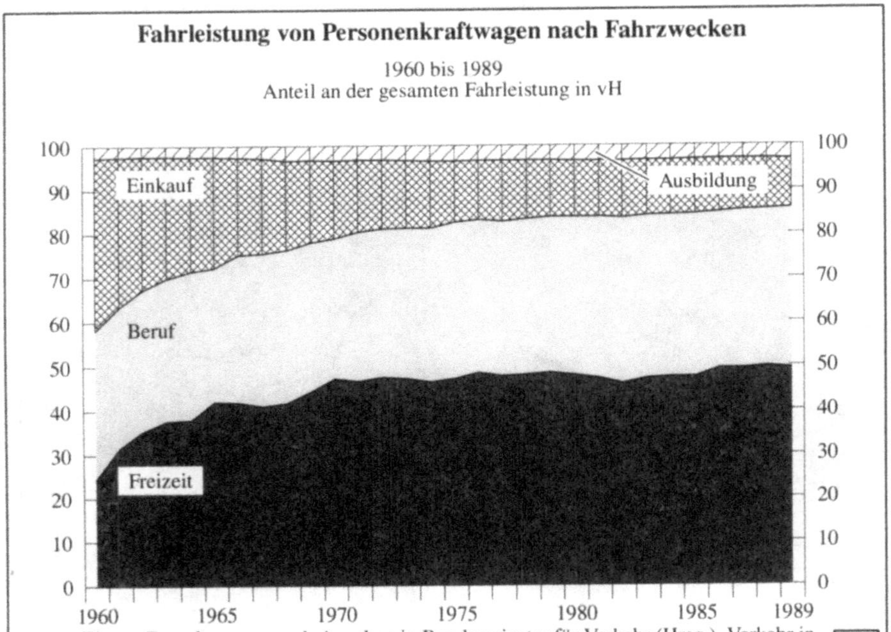

Eigene Berechnungen nach Angaben in Bundesminster für Verkehr (Hrsg.), Verkehr in Zahlen. Bonn, lfd. Jgg.

z.B. der Einführung des Katalysators, steht im Hinblick auf die Notwendigkeit einer weiteren Reduzierung der Umweltbelastung durch den Individualverkehr nachfolgend die Frage im Vordergrund, welche Möglichkeiten bestehen, um die Inanspruchnahme öffentlicher Verkehrsmittel zu fördern bzw. den Individualverkehr zu begrenzen.

Die Aufgliederung der Fahrleistung der Personenkraftwagen nach unterschiedlichen Fahrzwecken macht deutlich, daß seit dem Beginn der siebziger Jahre fast die Hälfte aller Fahrten allein zu Freizeitzwecken (incl. Urlaubsfahrten) durchgeführt wird (vgl. Schaubild 7). Ein Drittel betrifft Fahrten aus beruflichen Gründen, nur etwa 3 vH der gesamten Fahrleistung dient Ausbildungszwecken. Etwas überraschen muß der weit unterproportionale Zuwachs der Einkaufsfahrten mit dem PKW seit 1960, was wohl auch darauf zurückzuführen ist, daß sich die Struktur des Handels zugunsten der Großmärkte verändert hat. Dies wiederum hatte zwar in der Regel aufgrund der häufigen Plazierung der Verkaufsstätten außerhalb der Städte und Wohngebiete eine Verlängerung des Anfahrtsweges zur Folge, ermöglichte allerdings wegen der großen Angebotspalette einen rationelleren Einkauf und reduzierte somit möglicherweise die Fahrtenhäufigkeit[36]. Die Dominanz des PKW im Vergleich zu anderen Verkehrsträgern verdeutlicht Tabelle 15. Wurden Einkaufs-, Freizeit- und Urlaubsfahrten schon in den

36 Unterstützt wurde diese Entwicklung wohl auch durch die ebenfalls gestiegenen Lagerkapazitäten und Konservierungsmöglichkeiten von Lebensmitteln in den Haushalten.

Tabelle 15

Verkehrsleistung für die privaten Haushalte nach Verkehrszwecken und Verkehrsträgern

1960 bis 1988

		1960	1970	1982	1988
Beruf	Mrd. Pkm	52,0	81,9	125,3	140,1
PKW	vH	28,6	63,2	80,9	85,1
Straßenpersonenverkehr	vH	46,1	26,2	12,7	10,0
Bahn	vH	25,3	10,6	6,4	4,9
Ausbildung	Mrd. Pkm	7,2	18,6	31,8	28,7
PKW	vH	18,0	37,8	40,0	48,4
Straßenpersonenverkehr	vH	44,5	46,4	47,9	41,6
Bahn	vH	37,5	15,8	12,1	10,0
Einkauf	Mrd. Pkm	31,6	51,9	61,2	68,1
PKW	vH	72,6	78,0	73,1	75,1
Straßenpersonenverkehr	vH	20,4	17,3	21,5	20,0
Bahn	vH	7,0	4,7	5,4	4,9
Freizeit	Mrd. Pkm	104,5	191,4	239,8	294,3
PKW	vH	72,4	82,4	82,2	84,7
Straßenpersonenverkehr	vH	12,8	8,6	10,7	8,8
Bahn	vH	14,5	8,4	6,9	6,3
Luftverkehr	vH	0,3	0,6	0,2	0,2
Urlaub	Mrd. Pkm	12,4	37,0	58,4	68,8
PKW	vH	54,8	76,1	81,5	78,4
Straßenpersonenverkehr	vH	4,7	4,1	4,0	3,6
Bahn	vH	38,9	13,9	6,2	5,6
Luftverkehr	vH	1,6	5,9	8,3	11,4

Eigene Berechnungen nach Angaben in Bundesminister für Verkehr (Hrsg.).

RWI ESSEN

sechziger Jahren größtenteils mit dem eigenen PKW durchgeführt, verlor der öffentliche Personenverkehr auch seine traditionellen Aktivitätsbereiche Berufs- und Ausbildungsfahrten im Laufe der Zeit an den Individualverkehr. Lediglich im Bereich der Urlaubsreisen entstand auch dem PKW-Verkehr mit der Zunahme des Luftverkehrs eine gewisse Konkurrenz, wenngleich die Kraftfahrzeuge in diesem Bereich nach wie vor den größten Teil der Beförderungsleistungen bewältigen.

3.2. Modellierung der Verkehrsleistungsnachfrage

3.2.1. Modellstruktur und Schätzergebnisse

Geht man davon aus, daß neben technischen Maßnahmen vor allem durch eine Veränderung der Fahrleistungsstruktur zugunsten des öffentlichen Personenverkehrs ein Beitrag zur Reduzierung der durch den Individualverkehr induzierten Umweltbelastungen geleistet werden kann, stellt sich die Frage nach den Determinanten der „Fahrleistungsnachfrage" der privaten Haushalte. Unterteilt nach Fahrzwecken und Verkehrsträgern werden folgende Hypothesen zugrundegelegt:

- Die stetige Zunahme des PKW-Bestandes führte zu der beschriebenen Dominanz des Individualverkehrs bei allen Fahrzwecken und dementsprechend zu einer Abnahme der nachgefragten Fahrleistung der anderen Verkehrsträger.
- Die Nutzung des PKW-Bestands hängt maßgeblich von den Betriebskosten ab. Neben den Pflege-, Wartungs- und Reparaturkosten spielen vor allem die Kraftstoffpreise eine bedeutende Rolle.
- Die Nachfrage nach öffentlichen Verkehrsleistungen wird neben der Nutzung der PKW maßgeblich durch die Entwicklung der Verkehrstarife bestimmt.
- Zu den fahrzweckspezifischen Determinanten der Fahrleistungsnachfrage zählen in bezug auf den Ausbildungsverkehr die Anzahl der Auszubildenden, bezüglich des Einkaufsverkehrs, des Freizeit- und Urlaubsverkehrs insbesondere die allgemeine Einkommensentwicklung der Haushalte.

Führt man die genannten Hypothesen im Rahmen eines allgemeinen Ansatzes zur Erklärung der Fahrleistungsnachfrage zusammen, so ergibt sich die generelle Spezifikation

$$(28) \qquad FL_{i,k} = a_0 + a_1 \, PKWBD + a_2 \, PKS/PVERK + a_3 \, AZ + a_4 \, YPVR + u$$

mit

$FL_{i,k}$	:	Fahrleistung des Verkehrsträgers i für den Fahrzweck k, in Mrd. Personenkilometern (Pkm);
PKWBD	:	Bestand an Personenkraftwagen;
PKS	:	Preisindex für Kraftstoffe, 1980 = 100;
PVERK	:	Preisindex für fremde Verkehrsleistungen, 1980 = 100,
AZ	:	Anzahl der Auszubildenden;
YPVR	:	verfügbares Einkommen der privaten Haushalte in Preisen von 1980, in Mrd. DM.

Unter Zugrundelegung des vorgestellten generellen Erklärungsansatzes wurde ein einfach konzipiertes Modell zur Erklärung der Fahrleistungsnachfrage der privaten Haushalte, untergliedert nach Fahrzwecken und Verkehrsträgern, entwickelt. Zusätzlich zu den genannten Ansätzen wurde der Zusammenhang zwischen dem relativen Kraftstoffpreis und dem PKW-Bestand modelliert. Die Datenbasis des Modells entstammt den in den Jahren 1960 bis 1986 in mehrjährigen Abständen durchgeführten Befragungen privater Haushalte zur Verkehrsbeteiligung[37].

---

37 Diese sind unter dem Namen „KONTIV" bekannt und werden regelmäßig veröffentlicht. Vgl. Bundesminister für Verkehr (Hrsg.), Verkehr in Zahlen. Bonn, lfd. Jgg. Die Daten für das Jahr 1988

Die Schätzergebnisse zeigen, was die Vorzeichen der Koeffizienten betrifft, in den meisten Fällen die zu erwartenden Werte (vgl. Tabelle 20)[38]. Allerdings konnte für einige Bereiche kein signifikanter Einfluß des PKW-Bestandes bzw. des relativen Preises festgestellt werden, in diesen Fällen wurden die Schätzungen ohne diese Variablen wiederholt. In Anbetracht der Datenlage (es lagen jeweils lediglich 8 Beobachtungswerte vor) sowie der einfachen Konzeption des Modellansatzes sind die statistischen Ergebnisse weitgehend befriedigend, wenngleich in einigen Fällen (PKW-Fahrten zu Ausbildungszwecken sowie Urlaubsflugreisen) wiederum nur die trendmäßige Entwicklung erfaßt werden konnte. Für die (allerdings vergleichsweise unbedeutenden) Fahrleistungen zu Freizeitzwecken mit dem Schienen- bzw. Flugverkehr konnte die Erklärung nur im Rahmen von Definitionsgleichungen erfolgen.

Bezüglich der ex post-Prognosegüte des Verkehrsmodells ist wie bereits bei dem Verpackungsmodell festzuhalten, daß die Höhe des mittleren Prognosefehlers zumindest teilweise durch die niedrigen Ausgangswerte der Variablen determiniert ist. Allerdings wird auch die Mindestanforderung der Abbildung der trendmäßigen Entwicklung bei zwei Variablen – Verkehrsleistung des Schienen- und des Flugverkehrs für Freizeitzwecke – nicht erfüllt. Da diese Verkehrsträger für den Freizeitverkehr aber nur eine untergeordnete Rolle spielen (vgl. Tabelle 15), sollte auch die Höhe der UM-Werte nicht überinterpretiert werden (vgl. Tabelle 22).

3.2.2. Auswirkungen einer Erhöhung der Kraftstoffpreise auf Niveau und Struktur der Verkehrsleistungsnachfrage der privaten Haushalte – Ergebnisse einer Simulationsrechnung

In bezug auf den Einfluß der relativen Kraftstoffpreise auf das Niveau, vor allem aber die Verteilung der Fahrleistungsnachfrage auf die verschiedenen Verkehrsträger kann nach den vorliegenden Schätzergebnissen davon ausgegangen werden, daß auch der seit dem Beginn der achtziger Jahre zu verzeichnende absolute, aber auch im Vergleich zu den Beförderungsgebühren des öffentlichen Personenverkehrs relative Rückgang der Kraftstoffpreise (vgl. Schaubild 8) zu einer weiteren Ausweitung des Individualverkehrs auf Kosten der Nachfrage nach fremden Verkehrsleistungen beigetragen hat.

Im Zusammenhang mit der Diskussion von Maßnahmen zur Reduzierung der vom Individualverkehr ausgehenden Umweltbelastungen stehen zumeist der Einfluß der Kraftstoffpreise auf den Kraftstoffverbrauch sowie die sich hieraus ergebenden

---

wurden auf der Grundlage der Erhebung aus dem Jahre 1986 fortgeschrieben. Zur Konzeption und Durchführung dieser Befragungen vgl. H. Hautzinger, Haushaltsbefragungen vom KONTIV-Typ: Hochrechnung – Gewichtung – Genauigkeitsbeurteilung. „Zeitschrift für Verkehrswissenschaft", Düsseldorf, Jg. 60 (1989), S. 345ff.

38 Für die Koeffizienten gelten die folgenden a priori-Annahmen: Wenn i für den Verkehrsträger PKW steht, gilt $a_1 > 0$, sonst $a_1 < 0$. Für den Koeffizienten a_2 gilt, daß er bezüglich der Fahrleistung der PKW einen negativen Wert annimmt, die Nachfrage steigt somit mit sinkendem Preis für Kraftstoffe in Relation zu dem für öffentliche Verkehrsleistungen und umgekehrt. In genau entgegengesetzter Richtung wirkt die Entwicklung des relativen Kraftstoffpreises auf die Nachfrage nach Fahrleistungen öffentlicher Verkehrsträger, hier gilt somit $a_2 > 0$. Die Koeffizienten a_3 und a_4 nehmen naturgemäß lediglich bei den entsprechenden Fahrzwecken von Null verschiedene Werte an.

Schaubild 8

Relative Preise von Kraftstoffen und fremden Verkehrsleistungen

1960 bis 1989

1980 = 100

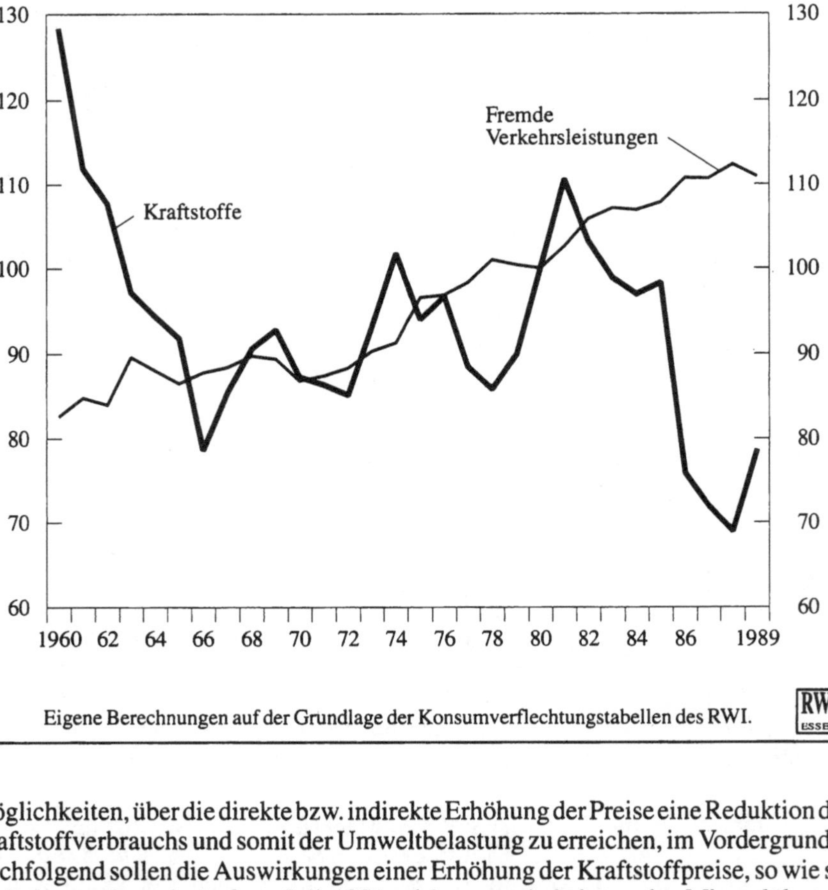

Eigene Berechnungen auf der Grundlage der Konsumverflechtungstabellen des RWI.

Möglichkeiten, über die direkte bzw. indirekte Erhöhung der Preise eine Reduktion des Kraftstoffverbrauchs und somit der Umweltbelastung zu erreichen, im Vordergrund[39]. Nachfolgend sollen die Auswirkungen einer Erhöhung der Kraftstoffpreise, so wie sie im Rahmen der seit Anfang Juli 1991 wirksamen Anhebung der Mineralölsteuer vorliegen, auf Niveau und Struktur der Fahrleistungsnachfrage der privaten Haushalte diskutiert werden. Somit wird von einer Erhöhung der Kraftstoffpreise um 25 vH bei

39 Als Beispiele seien in diesem Zusammenhang genannt G. Kirchgässner, Erhöhung der Mineralölsteuern als umweltpolitische Maßnahme? Bemerkungen aus ökonomischer Perspektive zu den entsprechenden Vorschlägen der SPD-Arbeitsgruppe. „Zeitschrift für Energiewirtschaft", Braunschweig und Wiesbaden, Jg. 14 (1990), S. 58ff., U. Teichmann, Die Nachfrageelastizität im innerstädtischen Individualverkehr – dargestellt am Beispiel ausgewählter Städte Nordrhein-Westfalens. „Zeitschrift für Verkehrswissenschaft", Jg. 54 (1983), S. 71ff., sowie G.H.G. McDougall and J.D. Claxton, Automobile Gasoline Consumption: A Repeated Survey. „Journal of Economic Psychology", Amsterdam, vol. 1984, S. 325ff.

Tabelle 16

Auswirkungen einer Erhöhung der Kraftstoffpreise auf die Fahrleistungsnachfrage der privaten Haushalte

1988; Abweichungen von der Basislösung in vH[1]

Fahrzweck	Verkehrsträger				
	PKW	Öffentlicher Straßenverkehr	Schienenverkehr	Flugverkehr	Insgesamt
Beruf	-3,4 (-0,14)	17,6 (0,70)	15,8 (0,63)	–	0
Ausbildung	-3,3 (-0,13)	8,1 (0,32)	1,4 (0,06)	–	0
Einkauf	-6,8 (-0,27)	0,8 (0,03)	3,4 (0,14)	–	-4,8 (-0,20)
Freizeit	-5,6 (-0,22)	4,6 (0,18)	22,1 (0,88)	31,4 (1,25)	-3,1 (-0,12)
Urlaub	-3,6 (-0,14)	0,0 (0,00)	1,0 (0,04)	1,0 (0,04)	-2,8 (-0,11)
Insgesamt	-5,0 (-0,20)	7,0 (0,28)	15,0 (0,60)	3,2 (0,13)	–

Eigene Berechnungen. – [1]In Klammern werden die Preiselastizitäten, berechnet als Verhältnis der prozentualen Abweichung und der prozentualen Preiserhöhung, ausgewiesen. RWI ESSEN

gleichzeitiger Konstanz der Preise für fremde Verkehrsleistungen ausgegangen. Simuliert wurde diese Veränderung für das Jahr 1988 unter Verwendung des vorgestellten Gleichungssystems. Entsprechend der Konzeption des Modells wirkt die Preiserhöhung nicht nur direkt, sondern via PKW-Bestand auch indirekt auf die entsprechende Fahrleistungsnachfrage der Haushalte. Trotz dieser in das Modell „eingebauten" Erhöhung der Preisempfindlichkeit insgesamt sind die Effekte vergleichsweise gering (vgl. Tabelle 16). Die Stärke der Reagibilitäten der jeweiligen Fahrleistungsnachfrage entspricht vor allem bezüglich des Individualverkehrs in etwa derjenigen, die im Rahmen einer Analyse der Verkehrsleistungsnachfrage für das Land Nordrhein-Westfalen berechnet wurden[40]. Nach den Ergebnissen der Modellrechnung dürfte eine Erhöhung der Kraftstoffpreise um 25 vH beim Berufs- und Ausbildungsverkehr zu einer Umverteilung der Fahrleistungsnachfrage vom PKW- zum öffentlichen Personenverkehr führen, die Fahrleistung für diese Fahrzwecke insgesamt, was plausibel ist, jedoch gleichbleiben. Während die Preiselastizitäten des PKW-Verkehrs für beide

40 Vgl. Deutsches Institut für Wirtschaftsforschung (Hrsg.), Begrenzung des PKW-Verkehrs durch ökologisch orientierte Verkehrspolitik. Ergebnisse einer Nachfrageschätzung für den Personenverkehr im Land Nordrhein-Westfalen. (Bearb.: H. Rieke und U. Voigt.) „DIW-Wochenbericht", Berlin, Jg. 57 (1990), S. 386ff. Ein direkter Vergleich der Ergebnisse ist allerdings nur mit Vorbehalten möglich, da im Gegensatz zu der hier vorliegenden Analyse für Nordrhein-Westfalen die Auswirkungen eines ganzen Maßnahmenbündels getestet wurden.

Fahrzwecke in etwa identisch sind, unterscheiden sie sich bei den anderen Verkehrsträgern erheblich: Die höchsten Reagibilitäten weist die PKW-Fahrleistung bei Einkaufs- und Freizeitfahrten auf. Hier, wie auch bei Urlaubsfahrten, führt das Verhältnis der Preiselastizitäten der Verkehrsträger untereinander dazu, daß der Rückgang der individuellen Fahrleistung nicht durch die Zunahme der Fahrten mit dem öffentlichen Personenverkehr (incl. Flugverkehr) kompensiert wird, die Fahrleistung insgesamt somit zurückgeht. Die vergleichsweise hohen Reagibilitäten der PKW-Fahrleistungsnachfrage zu Einkaufs- und Freizeitzwecken erscheint zunächst plausibel, da es sich hier, im Gegensatz zu Berufs- und Ausbildungsfahrten, um solche handelt, die relativ „disponibel" sind. Allerdings ist davon auszugehen, daß regelmäßig anzutretende PKW-Fahrten wie die zu Berufs- und Ausbildungszwecken eher durch solche mit öffentlichen Verkehrsmitteln substituiert werden (könnten), da Arbeits- und Ausbildungsstätten im allgemeinen in größerem Maße an das öffentliche Verkehrssystem angeschlossen sind als etwa Freizeiteinrichtungen. Der verhältnismäßig starke Rückgang der Fahrleistung für Einkaufszwecke insgesamt könnte darauf hindeuten, daß entweder die Zahl der Einkäufe in Großmärkten reduziert wird (anstatt zweimal wird nur einmal pro Woche ein Großeinkauf getätigt) oder näher gelegene Einkaufsziele gewählt werden, „haushaltsnahe" Verkaufsstätten in den Wohnzentren von einer Erhöhung der Kraftstoffpreise somit möglicherweise profitieren. Erwähnenswert ist, daß die berechneten Preiselastizitäten bezüglich der Verkehrsträger insgesamt relativ gering ausfallen. Die größte Reagibilität weist der Schienenverkehr auf. Insbesondere die berechnete Elastizität der individuellen Fahrleistungsnachfrage (PKW) entspricht mit –0,2 derjenigen neuerer Untersuchungen[41].

Im Zusammenhang mit der Diskussion von Maßnahmen zur Veränderung des Verkehrsverhaltens der privaten Haushalte wird im allgemeinen vor allem die Bedeutung angebotsseitiger Veränderungen, wie die Erhöhung der Attraktivität öffentlicher Verkehrsmittel, betont[42]. Demgegenüber werden „Preislösungen" in Form von Abgaben, Steuern usw. vielfach auch deshalb abgelehnt, weil der Mengeneffekt als sehr unsicher angesehen wird[43]. Diese Unsicherheiten resultieren zum einen daraus, daß die potentiellen Effekte auf empirisch ermittelten Elastizitäten basieren, deren Aussagekraft und Verwendbarkeit insbesondere im Hinblick auf Simulationsrechnungen in mehrerer Hinsicht eingeschränkt ist. So handelt es sich lediglich um Durchschnittswerte für eine längere Periode, deren Ausprägung einerseits maßgeblich von der bisherigen Preisentwicklung abhängt und andererseits eine Symmetrie der Wirkungen

41 Vgl. Prognos AG (Hrsg.), Wirksamkeit verschiedener Maßnahmen zur Reduktion der verkehrlichen CO_2-Emissionen bis zum Jahr 2005. Untersuchung im Auftrag des Bundesministers für Verkehr, Bonn. Schlußbericht. Basel 1991, S. 65. Dort wurde von einer Preiselastizität der individuellen Fahrleistungsnachfrage von –0,3 ausgegangen.

42 In diesem Sinne auch S. Albers, Schätzung von Nachfragereaktionen auf Variationen des Tarif- und Leistungsangebotes im öffentlichen Personennahverkehr. „Zeitschrift für Verkehrswissenschaft", Jg. 54 (1983), S. 230, sowie W. Hahn und R. Ratzenberger, Nachfragerückgang verlangt Reform des öffentlichen Personennahverkehrs. „Ifo-Schnelldienst", Berlin, Jg. 42 (1989), Nr. 16, S. 6ff.

43 Vgl. hierzu H. Bonus [III], Preis- und Mengenlösungen in der Umweltpolitik. „Jahrbuch für Sozialwissenschaft", Frankfurt a.M., Jg. 41 (1990), S. 343ff. Die von Bonus propagierte direkte Mengenlösungen besteht in einer Kontingentierung von Umweltnutzungen. Auf die vorliegende Fragestellung übertragen würde dem Haushalt eine bestimmte PKW-Fahrleistung für die unterschiedlichen Fahrzwecke für einen bestimmten Zeitraum zugestanden.

steigender und fallender Preise suggeriert, die tatsächlich wohl nicht vorhanden ist[44]. Die im Rahmen der vorliegenden Analyse ermittelten Preiselastizitäten spiegeln somit vor allem die Nachfragereaktionen auf im Beobachtungszeitraum drastisch gesunkene relative Kraftstoffpreise wider (vgl. Schaubild 8). Aus diesem Grunde dürften die Reaktionen auf vergleichsweise starke Erhöhungen der relativen Preise tendenziell unterschätzt werden.

Zum anderen wird für den Simulationszeitraum von konstanten Elastizitäten ausgegangen. Plausibler wäre es jedoch anzunehmen, daß beispielsweise bei einer Verdoppelung der gegenwärtigen Kraftstoffpreise die entsprechende Nachfragereaktion sehr viel stärker ausfällt, die Elastizität selbst somit eine Funktion der Preisentwicklung ist. Des weiteren kann im Rahmen von Simulationsrechnungen nur schwer der Beobachtung Rechnung getragen werden, daß kurz- und langfristige Reaktionen der Verbraucher auf Datenänderungen erhebliche Unterschiede aufweisen. So ist als kurzfristige Reaktion oftmals eine „Überreaktion“ (overshooting) zu beobachten, während nach einer Gewöhnungsphase der Effekt teilweise ausgeglichen wird, die langfristigen Elastizitäten somit oftmals kleiner als die kurzfristigen sind. Im Zusammenhang mit der vorliegenden Thematik wurde darüber hinaus nicht berücksichtigt, daß die Elastizitäten der Individualverkehrsnachfrage durch Veränderungen im Angebotsbereich erhöht und die entsprechenden Effekte quasi im Rahmen eines Multiplikatorprozesses verstärkt werden könnten.

Im Rahmen der bisherigen Analyse der potentiellen Auswirkungen einer Erhöhung der Kraftstoffpreise wurden die Effekte bezüglich der vom Personenverkehr ausgehenden Schadstoffbelastungen zunächst ausgeblendet. Im Mittelpunkt der verkehrsbezogenen umweltpolitischen Diskussion steht die Reduktion der Kohlendioxidbelastung. Nachfolgend soll aus diesem Grunde geprüft werden, welchen Beitrag eine Erhöhung der Kraftstoffpreise – induziert durch höhere Mineralölsteuern – potentiell zur Verringerung der Belastung beisteuern könnte. Hierzu muß zunächst die Fahrleistung (in Pkm) mit den entsprechenden spezifischen Schadstoffemissionen (in g/Pkm) verknüpft werden. Wie aus Tabelle 17 hervorgeht, weist der PKW-Verkehr bezüglich aller ausgewiesenen Schadstoffe die mit Abstand höchsten spezifischen Emissionswerte auf[45]. Die Dominanz des Individualverkehrs bei der Verkehrsleistung verstärkt das Gewicht des PKW-Verkehrs hinsichtlich der entsprechenden Gesamtemissionen.

Zunächst wurden die Auswirkungen einer Erhöhung der Kraftstoffpreise um 25 vH auf die Emissionsentwicklung analysiert. Entsprechend der geringen Reagibilität vermindert sich die fahrleistungsbedingte Emission bei allen Schadstoffen um etwa 5 vH. Der

---

44 Vgl. hierzu auch U. Teichmann, S. 73, sowie N. Walter-Borjans, Ansätze für ökologieorientierte Abgaben im Verkehrssektor. In: H.G. Nutzinger und A. Zahrnt (Hrsg.), S. 176.

45 Die Daten zu den spezifischen Schadstoffemissionen wurden entnommen aus W. Knörr, PKW, Bus oder Bahn? Emissionsminderungspotentiale im Nahverkehr. „Informationen zur Raumentwicklung“, Bonn, Jg. 1991, Heft 1/2, S. 59, Abb. 2. Die dort angegebenen Werte beziehen sich lediglich auf Emissionen im Innerorts- bzw. Nahverkehr. Bei den nachfolgenden Berechnungen wurde unterstellt, daß Niveau und Struktur der Emissionen für den Innerorts-/Nahverkehr mit denen des Fernverkehrs identisch sind. Die sich hierduch ergebenden Gesamtemissionen sind weitgehend mit denjenigen vom Institut für Energie- und Umweltforschung (IFEU) in Heidelberg veröffentlichen Daten kompatibel.

Tabelle 17

Auswirkungen unterschiedlicher Erhöhungen der Kraftstoffpreise auf die fahrleistungsbedingten Emissionen der Verkehrsträger

Ergebnisse von Simulationsrechnungen bezogen auf das Jahr 1988

Verkehrsträger	Spezifische Schadstoff-emmission	Emissionen insgesamt	Veränderung der Gesamtemissionen	
			Erhöhung der Kraftstoffpreise um 25 vH	Erhöhung der Kraftstoffpreise um 150 vH
	in g/Pkm[1]	in 1000 t[2]	in vH	
		Kohlendioxid		
PKW	228	111 127	-5,0	-30,0
Bus	60	2 280	7,1	42,0
Straßen-, Stadt-, U-Bahn	50	1 500	15,0	90,3
Bahn	95	3 430	15,0	90,1
Insgesamt	–	118 337	-4,1	-27,3
		Stickoxide		
PKW	1,4	682	-5,1	-30,0
Bus	0,9	34	7,3	42,7
Straßen-, Stadt-, U-Bahn	0,2	4	18,9	113,7
Bahn	0,7	25	15,4	92,1
Insgesamt	–	745	-3,2	-21,7
		Kohlenwasserstoffe		
PKW	3,2	1 560	-4,9	-30,1
Bus	0,3	11	7,8	47,0
Straßen-, Stadt-, U-Bahn	–	–	–	–
Bahn	0,1	4	11,9	71,5
Insgesamt	–	1 575	-4,4	-29,3
		Kohlenmonoxid		
PKW	18	8 773	-5,0	-30,0
Bus	0,8	30	7,3	43,7
Straßen-, Stadt-, U-Bahn	–	–	–	–
Bahn	0,5	18	14,9	90,6
Insgesamt	–	8 821	-4,7	-29,5

Eigene Berechnungen. – [1]Nach Angaben des Instituts für Energie- und Umweltforschung (IFEU), vgl. W. Knörr, S. 55. – [2]Berechnet als Fahrleistung in Pkm multipliziert mit der spezifischen Schadstoffemission.

RWI ESSEN

Rückgang der Gesamtemissionen fällt durchweg niedriger aus, weil die Umverteilung der Fahrleistungsnachfrage naturgemäß bei den begünstigten Verkehrsträgern entsprechend der berechneten Elastizitäten zu einer Zunahme der Schadstoffemisionen führt. Die Preiselastizitäten der Emissionen (bezüglich aller hier aufgeführten Verkehrsträger) betragen bei Kohlendioxid –0,16, bei Stickoxiden –0,13, bei Kohlenwasserstoffen –0,18 und bei Kohlenmonoxid –0,19. Um gegenüber dem tatsächlichen Wert des Jahres 1988 eine Reduktion der Schadstoffe von etwa 25 vH zu erreichen, müßte der Kraftstoffpreis um 150 vH höher liegen (vgl. Tabelle 17)[46], was einem Kraftstoffpreis (bezogen auf das Jahr 1988) von etwa 2,50 DM/l entsprechen würde. Welche weiteren umweltpolitischen Maßnahmen vorgenommen werden können, um die verkehrsbedingten Umweltbelastungen zu vermindern, soll an anderer Stelle[47] geprüft werden.

---

46 Diese Ergebnisse decken sich in etwa mit der genannten Analyse der Prognos AG. Dort führt eine Erhöhung der Kraftstoffpreise um 130 vH (real im Vergleich zur Basis 1987) zu einer (fahrleistungsbedingten) CO_2-Reduktion um 27,6 vH. Vgl. Prognos AG (Hrsg.), S. 67.

47 Vgl. Abschnitt 4 im fünften Kapitel.

Fünftes Kapitel

Umweltpolitik und Konsumentenverhalten

Auch wenn bereits zuvor implizit – wie bei der Analyse der Produkte mit dem Umweltzeichen – oder explizit – wie im Zusammenhang mit den Simulationen wirtschaftspolitischer Maßnahmen – Zusammenhänge zwischen Umweltpolitik und Konsumverhalten der privaten Haushalte dargestellt wurden, erscheint es notwendig, nochmals gesondert hierauf einzugehen und auf einige Problembereiche aufmerksam zu machen.

1. Instrumente umweltbezogener Verbraucherpolitik

Zunächst ist grundsätzlich davon auszugehen, daß zwischen dem Umweltbewußtsein, der Umweltpolitik und dem Verbraucherverhalten zahlreiche Interdependenzen vorliegen. Insbesondere im Zusammenhang mit dem bereits erwähnten erweiterten Aktionsradius der Verbraucher in bezug auf ihre Konsumentscheidungen infolge vermehrten Wohlstandes kann die Umweltpolitik grundsätzlich in zweierlei Hinsicht dafür sorgen, daß dieser Aktionsradius zumindest zum Teil zugunsten umweltverträglicher Konsumstile bzw. Produkte ausgeschöpft wird.

Zum einen können umweltverträgliche Konsumstile (im weitesten Sinne) im Rahmen der Gesetzgebung quasi erzwungen werden. Zwar spielt das Umweltbewußtsein dann für die eigentliche Kaufentscheidung keine Rolle mehr, da der Konsument durch Verbot vom Verbrauch (etwa FCKW-haltiger Spraydosen) ausgeschlossen wird. Es ist jedoch davon auszugehen, daß es bei einem ausgeprägten Umweltbewußtsein für den Gesetzgeber einfacher ist, die jeweiligen Gesetzesregelungen durchzusetzen.

Zum anderen besteht die Möglichkeit, durch Information und Beratung das Umweltbewußtsein der Verbraucher zu stärken und somit die Chancen zu erhöhen, daß sich dieses dann auch im tatsächlichen Kaufverhalten widerspiegelt[1]. Als Beispiele seien an dieser Stelle etwa die zusätzliche Prüfung der Umweltverträglichkeit der jeweils

---

1 Vgl. auch Antwort der Bundesregierung auf die kleine Anfrage der Abgeordneten Dr. Martiny, ..., und der Fraktion der SPD, Konsum und Umwelt – Informations- und Beratungsmöglichkeiten für Verbraucherinnen und Verbraucher. Deutscher Bundestag, Drucksache 11/2527. Bonn 1988.

untersuchten Produkte im Rahmen der Analysen der Stiftung Warentest oder die verstärkten Aktivitäten der Verbraucherverbände in bezug auf eine umweltorientierte Verbraucheraufklärung genannt[2]. Gerade die Verbraucheraufklärung erscheint in Anbetracht der zunehmenden Bemühungen der Unternehmen im Hinblick auf das sogenannte „Öko-Marketing"[3] für bestimmte, umweltsensible Produkte wie Waschmittel, Holzschutzmittel u.ä. oder verpackungsintensive Produkte wichtig zu sein, da für viele der als „umweltverträglich" bzw. „nicht umweltbelastend" apostrophierten Produkte die umweltrelevanten Wirkungen durch die Verbraucher nur schwer eingeschätzt werden können.

Neben der Berücksichtigung der genannten Schwierigkeiten muß man im Zusammenhang mit wirtschaftspolitischen Maßnahmen generell berücksichtigen, daß die Umweltqualität nur ein Produktmerkmal darstellt, das einen Einfluß auf die Kaufentscheidung ausübt. Wesentliche größere Bedeutung dürften demgegenüber die Funktionalität sowie die eigentliche Produktqualität in Hinblick auf die Konstruktion, die Fertigung und das Material des Produktes besitzen[4]. Somit müssen umweltpolitische Maßnahmen, die darauf abzielen, das Umweltbewußtsein der Haushalte zu steigern und den Einfluß des Bewußtseins auf das Kaufverhalten zu verstärken, in Betracht ziehen, daß als „Kaufrisiken" bezeichnete Faktoren umweltschonendes Konsumverhalten nachhaltig negativ beeinfussen können. Diese Kaufrisiken, die allgemein als Nachteile umweltverträglicher Produkte hinsichtlich sonstiger Produkteigenschaften gekennzeichnet werden, können vorliegen als[5]

- finanzielle Risiken (Verlust infolge eines „Fehlkaufes"),
- funktionale Risiken (nicht ausreichende Leistungsfähigkeit),
- physische Risiken (höherer physischer Aufwand bei Verwendung mechanischer Reinigungsmittel),
- psychische Risiken („Unzufriedenheit"),
- soziale Risiken (Reaktion des Umfeldes, Prestigeverlust),
- zeitliche Risiken (zeitlicher Aufwand, Bequemlichkeit).

Einem Teil der erwähnten Risiken kann insbesondere durch produktbezogene Umweltpolitik begegnet werden. Im Rahmen der Kennzeichnung als ein Instrument produktbezogenen Umweltschutzes wird, wie bereits erwähnt, bei der Vergabe des

---

2 Vgl. zu den genannten Themenbereichen z.B. P. Niesbach und U. Schell, Umweltorientierte Verbraucherarbeit der Verbraucher-Zentrale Nordrhein-Westfalen. „Verbraucherpolitische Hefte", Düsseldorf, Jg. 1989, Heft 6, S. 83ff., sowie M. Koswig, Produkttests unter Umweltgesichtspunkten. „Verbraucherpolitische Hefte", Jg. 1988, Heft 6, S. 71ff.

3 Vgl. z.B. I. Schoenheit, Ökologie und Marketing im Meinungsstreit. „Markenartikel", Jg. 50 (1988), S. 70ff., sowie H. Strebel, Umweltfreundliche Verpackung – eine Marketingaufgabe. „Markenartikel", Jg. 52 (1990), S. 90ff.

4 Vgl. H. Corsten und B. Meier, Verbraucherinformation als zentrales Instrument der Verbraucherpolitik unter besonderer Berücksichtigung der Qualitätsbeurteilung. „Jahrbuch für Absatz- und Verbrauchsforschung", Jg. 30 (1984), S. 13.

5 Vgl. P. Adelt und D. Bach, Wahrgenommene Kaufrisiken bei ökologisch gestalteten Produkten – dargestellt am Produktbereich Waschmittel. „Markenartikel", Jg. 53 (1991), S. 148ff.

Umweltzeichens beispielsweise darauf geachtet, daß die gekennzeichneten Erzeugnisse keine Einschränkung der Gebrauchstauglichkeit aufweisen[6]. Im Zusammenhang mit der Gebrauchstauglichkeit sowie den finanziellen Risiken sind naturgemäß die Hersteller umweltverträglicher Erzeugnisse betroffen.

Generell kann davon ausgegangen werden, daß die eigentliche Kaufentscheidung in besonderem Maße von der Bewertung der erwähnten Risiken durch den einzelnen Haushalt abhängt. Haben Gesichtspunkte der Umweltverträglichkeit ein vergleichsweise großes Gewicht, führen die nach wie vor vorhandenen Kaufrisiken möglicherweise trotzdem nicht dazu, daß ein eher wenig umweltbelastendes Erzeugnis erworben wird.

Die Bewertung der einzelnen Risiken hängt jedoch nicht nur von personen- und situationsbezogenen Determinanten ab. So ist davon auszugehen, daß eine Einbeziehung der Haushalte bzw. ihrer Vertreter in wirtschaftspolitische Entscheidungsprozesse, die die unmittelbare „ökologische Umgebung" der Haushalte tangieren, ebenfalls einen Einfluß auf die Bewertung von Kaufrisiken ausüben kann. Diese Einbeziehung ist in Teilbereichen erfolgt: So sind in der Jury Umweltzeichen, die für die Vergabe des „Blauen Engels" verantwortlich ist, Vertreter von Verbraucherverbänden vertreten. Darüber hinaus wird neuerdings der Versuch unternommen, umweltrelevante Probleme im Zusammenhang mit großtechnischen Anlagen (Müllverbrennungsanlagen, Chemieunternehmen, Großdeponien usw.) vor der Errichtung im Rahmen von Verfahren gesellschaftlicher Konsensbildung zu lösen[7]. Diese auch als Mediationsverfahren gekennzeichneten Prozesse, und dies findet bisher zu wenig Beachtung, haben nicht nur einen potentiell positiven Einfluß auf die Lösung des jeweiligen umweltpolitischen Problems, sondern sie steigern möglicherweise die „Umweltsensibilität" der einbezogenen Bevölkerung bezüglich anderer Bereiche. So werden Verbraucher, die im Rahmen eines Mediationsverfahrens in Entscheidungen bezüglich einer Großdeponie einbezogen sind, die Problematik von Verpackungsabfällen aus einem anderen Blickwinkel sehen und demnach ihr Konsumverhalten ändern. Generell führt – so ist zumindest zu hoffen – die direkte Einbeziehung der Bevölkerung in derartige Verfahren der Konsensbildung dazu, daß ihre persönliche „Betroffenheit" bezüglich der Umweltprobleme zunimmt; persönliche Betroffenheit wiederum erhöht die Bereitschaft zu Verhaltensänderungen.

2. Zur Problematik des Umweltzeichens

Gerade im Informationsbereich steht der staatlichen Umweltpolitik mit dem sog. Umweltengel ein Zeichen zur Verfügung, mit dessen Hilfe eine vergleichsweise

---

6 Vgl. hierzu auch H.W. Schiffer und K. Delbrück, Produktbezogener Umweltschutz. „Umwelt", Bonn, Jg. 1991, S. 540ff.

7 Beispielhaft sei in diesem Zusammenhang verwiesen auf T. Höpfner, H. Jakobi und A. Tacke, Die Lösung der Sonderabfallproblematik als Gegenstand gesellschaftlicher Konsensbildung. „WSI-Mitteilungen", Köln, Jg. 44 (1991), S. 356ff., H.-J. Fietkau, Psychologische Ansätze zu Mediationsverfahren im Umweltschutz. (Schriften zu Mediationsverfahren im Umweltschutz, Nr. 1.) Berlin 1991, sowie R. Zieschank, Mediationsverfahren als Gegenstand sozialwissenschaftlicher Umweltforschung – Kriterien für den Umgang mit einem neuen Forschungsfeld. „Zeitschrift für Umweltpolitik und Umweltrecht", Jg. 14 (1991), S. 27ff.

objektive Produktkennzeichnung gewährleistet werden kann, die den Verbraucher über die Umweltfreundlichkeit der entsprechenden Produkte informiert[8]. Zudem soll das Umweltzeichen die Hersteller durch wirksame Wettbewerbsvorteile motivieren, das Angebot an umweltfreundlichen Produkten auszuweiten. Anzumerken ist jedoch, daß zwar für eine Vielzahl von Produkten bisher ein solches Zeichen vergeben wurde, aber gerade bei den als besonders umweltsensibel eingeschätzten Produktsegmenten, z.B den Haushaltschemikalien, nur ein sehr kleiner Teil mit dem Umweltzeichen versehen ist. So stellt sich beispielsweise die Frage, warum bisher lediglich phosphatfreie Waschmittel[9] mit dem „Blauen Engel" ausgezeichnet wurden. Zudem sagt die Anzahl der mit dem Umweltzeichen versehenen Produkte – wie bereits erwähnt – nichts über deren tatsächlichen Marktanteil aus. Sind Angaben hierüber bei den umweltpolitisch Verantwortlichen jedoch nicht vorhanden, so ist fraglich, inwieweit eine Erfolgskontrolle dieser speziellen umweltpolitischen Aktivitäten überhaupt möglich ist[10]. Unter diesem Aspekt sind auch die Überlegungen der Kommission der Europäischen Gemeinschaften bezüglich der Einführung eines europaweiten Umwelt-Labelling-Programms[11] zurückhaltend zu beurteilen.

Im Zusammenhang mit der Frage nach dem Einfluß des Umweltbewußtseins auf das tatsächliche Kaufverhalten ist des weiteren darauf hinzuweisen, daß sowohl das Umweltzeichen als auch die Kennzeichnung der Produkte im Rahmen des Öko-Marketing die Verbraucher veranlassen könnten, mehr und „sorgloser" zu konsumieren. Aber auch umweltfreundliche Produkte können negative Umweltwirkungen entfalten, insbesondere wenn man sich ihre lediglich relative Umweltfreundlichkeit in Erinnerung ruft und die Frage stellt, ob die mit dem Umweltzeichen versehenen Produkte im Endeffekt überhaupt „notwendig" sind[12].

Zusammenfassend bleibt festzuhalten, daß das Umweltzeichen durchaus zur Einführung umweltfreundlicher Produkte beigetragen und die ihm gestellten Aufgaben im Rahmen der Verbraucherpolitik erfüllt haben dürfte. Solange aber keine gesicherten Erkenntnisse über den Erfolg dieser Produkte am Markt vorliegen, kann nach wie vor nicht überprüft werden, ob das Ziel einer Verringerung der Umweltbelastungen durch den Privaten Verbrauch mit Hilfe dieses Instruments erreicht wird.

3. Verpackungsverordnung und „Duales Abfallsystem"

Wie bereits erwähnt, wurde Ende des Jahres 1990 eine Verpackungsverordnung verabschiedet, welche die bestehenden Pfandregelungen für Einweggetränkever-

---

8 Vgl. K. Töpfer, Perspektiven umweltbezogener Produktkennzeichnung. „Der Städtetag", Stuttgart, Jg. 43 (1990), S. 813.

9 Nach Auskunft der Jury Umweltzeichen wurden in der letzten Sitzung der Jury (vor August 1991) auch phosphatfreie Waschmittel im Baukastensystem mit dem Umweltzeichen versehen.

10 Zumindest für einzelne abgegrenzte Teilsegmente scheint es Informationen über den Marktanteil der betreffenden Produkte zu geben, so für Lacke, Korrosionsschutzmittel und Produkte aus Altpapier. Vgl. K. Töpfer, S. 814f.

11 Vgl. J. Salzman, Green Labels for Consumers. „OECD Observer", Paris, Nr. 169/1991, S. 29.

12 Hierbei muß sicherlich gesehen werden, daß die „Notwendigkeit" von Produkten eine weitgehend subjektive Entscheidung ist.

packungen erweitert und darüber hinaus die Wirtschaft zu Innovationen zur konsequenten Vermeidung und Verwertung von Verpackungsabfällen sowie zum Aufbau eines Entsorgungssystems in eigener Verantwortung veranlassen soll. Die potentiellen Auswirkungen einer Abgabe auf Niveau und Struktur des Abfallaufkommens wurden bereits diskutiert. Ein – wenn auch lediglich implizit geäußertes – Ziel dieser Verordnung, nämlich der Aufbau eines eigenen Entsorgungssystems der Wirtschaft, scheint in greifbare Nähe gerückt, auch wenn die entsprechenden Erfassungs-, Sortierungs- und Verwertungskapazitäten erst noch aufgebaut werden müssen. Zumindest die organisatorischen Voraussetzungen für dieses „duale Entsorgungssystem" sind mit der Gründung einer Dualen System Deutschland GmbH (DSD) durch die Hersteller von Verpackungsmaterial, Verpackungen und Konsumgütern sowie den Handel, geschaffen[13]. Die in dieses System[14] einbezogenen Produkte werden mit einem „grünen Punkt" versehen, der den Haushalten signalisiert, daß die Verpackungen aus wiederverwertbaren Materialien bestehen. Das Konzept der dualen Abfallwirtschaft sieht des weiteren vor, daß diese Materialien in einer Wertstofftonne von den Haushalten gesammelt und von der Wirtschaft abgeholt, sortiert und dann wiederverwertet werden. Hiervon verspricht man sich eine Verringerung des Hausmüllvolumens um ca. 5 Mill. t jährlich. Die Verpackungsverordnung wird auch nach Inkrafttreten sowohl hinsichtlich ihrer potentiellen Auswirkungen auf das Verpackungsabfallaufkommen als auch in bezug auf andere Problembereiche kontrovers diskutiert, auf wesentliche Kritikpunkte soll nachfolgend eingegangen werden[15].

Zunächst wird der Einwand geäußert, daß das duale System mit dem Grundsatz „Vermeidung vor Verwertung" nicht unbedingt im Einklang steht[16]. Die Vermeidung wird vor allem auch deshalb nicht unterstützt, weil zumindest die Möglichkeit besteht, daß die Haushalte hier ebenfalls einen „sorgloseren" Konsum praktizieren, da sie die Gewißheit haben, daß die Verpackungen wiederverwertet werden. Als äußerst problematisch muß im diesem Zusammenhang die Tatsache angesehen werden, daß die Kennzeichnung von Produkten mit dem grünen Punkt schon vorgenommen wird, obwohl von der Existenz eines flächendeckenden Wiederverwertungssystems (§ 6, Abs. 3 VerpackVo) bisher nur in vereinzelten Regionen gesprochen werden kann. Es wird dem Konsumenten zumindest bis zum endgültigen Aufbau eines solchen Systems Wiederverwertung der von ihm erworbenen Verpackungen in Aussicht gestellt, die organisatorisch noch gar nicht gewährleistet wird. Während dieser Übergangszeit muß die Kennzeichnung mit dem grünen Punkt deshalb ähnlich kritisch gesehen werden wie die mit gängigen (nicht geschützten) Öko-Labels, die vornehmlich werbestrategische Aufgaben erfüllen[17].

---

13 Vgl. K.P. Beuth, Ökologischer Kreislauf soll geschlossen werden. „Handelsblatt", Ausgabe vom 10. Juni 1991, S. 23.

14 Zum Aufbau des Konzepts der dualen Abfallwirtschaft vgl. z.B. R. Kolar, Ökologische Optimierung von Verpackungen – Herausforderung und Chance für die Verpackungsbranche. In: B. Gellenkemper, H. Doendens und R. Stegmann (Hrsg.), Umsetzung neuer Abfallwirtschaftskonzepte – Vermeidung und Recycling von Hausmüll, Bio- und Gewerbeabfällen. Münster 1991, S. 60.

15 Die Arbeit wurde Mitte 1992 abgeschlossen. Inzwischen wird das Entsorgungssystem in einzelnen Regionen angewandt, die grundsätzlichen Kritikpunkte bleiben jedoch bestehen.

16 Vgl. etwa B. Wuppermann, Töpfers Verpackungsverordnung auf dem Prüfstand: Verwertung vor Vermeidung. „WSI-Mitteilungen", Jg. 44 (1991), S. 499ff.

17 Inwieweit hiermit rechtliche Bestimmungen tangiert werden, müßte geprüft werden.

Eine oftmals betonte Unsicherheit ist die schwer einzuschätzende Reaktion der Verbraucher. Mit dem „grünen Punkt“ entsteht eine Konkurrenzauszeichnung zum „Umweltzeichen“. Letzteres ist dann, wenn zusätzlich der ebenfalls in der Diskussion befindliche „rote Punkt“ (für umweltbelastende Produkte) zur Anwendung kommt, nur noch eine Auszeichnung „ökologischer“ Produkte unter vielen, so daß zu befürchten ist, daß die Verbraucher wohl vollends die Übersicht verlieren. Ob die Konsumenten außerdem tatsächlich Kenntnis darüber besitzen, daß der grüne Punkt kein Umweltzeichen wie der „Blaue Engel“, sondern im Endeffekt lediglich einen Finanzierungsnachweis darstellt[18], scheint äußerst fraglich zu sein. Somit liegen die eigentlichen Schwachstellen des dualen Systems im Bereich der Endverbraucher, da es unter Berücksichtigung der zuvor genannten Probleme wenig wahrscheinlich ist, daß die Konsumenten ohne zusätzliche, massive Anreize zur Erfüllung der Mengenvorgaben der Verpackungsverordnung beitragen werden[19]. Berücksichtigt man darüber hinaus im Rahmen von Umfragen geäußerte Vorbehalte der Verbraucher hinsichtlich der vorhandenen Recyclingkapazitäten – 45 vH der Befragten gaben an, daß die Industrie bereits jetzt kaum in der Lage sei, alle gesammelten Materialien einer Wiederverwertung zuzuführen[20] –, erscheint ein Erreichen des vorgegebenen Ziels noch weniger wahrscheinlich.

Es stellt sich deshalb die Frage, warum für die Auszeichnung der in das duale System einbezogenen Produkte nicht zumindest das in der Bevölkerung bekannte Umweltzeichen herangezogen wird. Dies hätte darüber hinaus die Folge, daß einheitliche Vergabekriterien und ein „objektives“ Überwachungsorgan (Jury Umweltzeichen) der Skepsis, die dem „grünen Punkt“ bzw. dem gesamten dualen System in dieser Hinsicht zuteil wird[21], entgegenwirken könnten.

Ein weiteres Problem ist das der Überwachung der Sortierungsquoten. Nach der Verpackungsverordnung müssen ab Mitte 1995 festgelegte Sortierungsquoten erreicht werden, deren Überprüfung einen erheblichen bürokratischen Aufwand erwarten läßt. Werden diese Quoten nicht erreicht, so tritt die Pfandpflicht in Kraft. Es ist zu fragen, warum über den Umweg des dualen Systems gegangen, für das die oben erwähnten Probleme im Hinblick auf die Müllvermeidung relevant sind, und nicht direkt eine „Preislösung“ angestrebt wird. Welche Ausgestaltung eine derartige Preislösung allerdings haben sollte, ist nach wie vor umstritten. Diese kann, etwa in Anlehnung an entsprechende staatliche Maßnahmen in den Vereinigten Staaten, beispielsweise in einem je nach erreichter Recyclingquote abgestuften Pfandsystem bestehen[22]. Gegen

18 Vgl. W. Schenkel, Acht Thesen zur Verpackungsverordnung und zum dualen Abfallwirtschaftssystem. „Zeitschrift für angewandte Umweltforschung“, Berlin, Jg. 4 (1991), S. 342.

19 Vgl. auch P. Michaelis, Duale Abfallwirtschaft auf dem Prüfstand. „Die Weltwirtschaft“, Tübingen, Jg. 1991, Heft 1, S. 127.

20 Vgl. T. Freitag, Verpackung im Spiegel des Verbraucherbewußtseins. „Neue Verpackung“, Heidelberg, Jg. 1991, Heft 12, S. 66ff.

21 Vgl. etwa B. Wuppermann.

22 Vgl. hierzu die diesbezüglichen Erfahrungen in den Vereinigten Staaten in M. Naughton, F. Sebold and T. Mayer, The Impact of the California Beverage Container Recycling and Litter Reduction Act on Consumers. „Journal of Consumer Affairs“, Columbia, MO, vol. 24 (1990), S. 190ff. Die Rücklaufquoten für Einweg-Getränkeverpackungen erhöhten sich nach Einführung eines gestaffelten Pfandsystems innerhalb von 2 Jahren von 40 vH auf ca. 60 vH.

eine Pfandlösung spricht allerdings, daß der Begriff „Pfand“ von den Haushalten bisher mit den als ökologisch vorteilhaft geltenden Mehrwegsystemen verbunden war. Ähnlich wie bereits mit dem grünen Punkt wird eine Vorteilhaftigkeit von bepfandeten Einweggebinden suggeriert, die tatsächlich wohl nicht existiert[23]. Außerdem widerspricht eine Pfandregelung der organisatorischen Struktur des dualen Systems, das eine Rücknahme der Verpackungsabfälle in der jeweiligen Verkaufsstelle ja gerade umgehen will[24].

Aber auch eine Abgabe führt nicht unbedingt zu den erwünschten Ergebnissen. Die erwarteten Mengenwirkungen einer allgemeinen Verpackungsabgabe, so wie sie im vierten Kapitel unterstellt wurde, können durch unerwünschte Substitutionen innerhalb des Einwegverpackungssegmentes verfehlt werden. Einer derartigen Entwicklung kann allerdings mit einer nach Verpackungsmaterialien differenzierten Abgabe begegnet werden. Ein oftmals gegen Abgaben geäußerter Vorbehalt ist der der „Erdrosselungsfunktion“[25]. In der Literatur wird allerdings darauf hingewiesen, daß eine solche Erstickung der Nachfrage im eigentlichen Sinne das Erfolgskriterium für die Wirksamkeit einer Abgabenlösung ist, bei einer derartigen Argumentation handelt es sich somit im Grunde genommen um einen Zirkelschluß[26]. Ein weiteres Argument gegen eine Abgabe wird schließlich darin gesehen, daß ein Pflichtpfand eher zu einem Rückgang des Abfallaufkommens führt, weil die Konsumenten die Einwegverpackungen zurückbringen. Bei einer Abgabe würden die dennoch erworbenen Einwegverpackungen demgegenüber dem Hausmüll zugeführt. Dies trifft allerdings lediglich dann zu, wenn die entsprechenden Preisreagibilitäten nicht ausreichen, den Einwegkonsum via Abgabe wesentlich zurückzudrängen. Bei derartig niedrigen Reagibilitäten und dem dahinter stehenden Umweltbewußtsein der Haushalte würde allerdings auch ein Pfand nicht zu den erhofften Rücklaufquoten führen[27].

4. Umweltpolitische Optionen zur Beeinflussung der Verkehrsleistungsnachfrage der privaten Haushalte

Wie die Analyse im vierten Kapitel gezeigt hat, sind vergleichsweise drastische Eingriffe in das Preisgefüge erforderlich, um eine wirksame Reduktion der vom Individualverkehr verursachten Schadstoffbelastung zu erreichen. So sind es dann auch zumeist Maßnahmenpakete, die im Hinblick auf die als notwendig erachtete Reduktion der Umweltbelastungen durch den Personenverkehr diskutiert werden. Einige der neben einer Erhöhung der Mineralölsteuer vorgeschlagenen Maßnahmen sollen nachfolgend vorgestellt sowie einer kritischen Bewertung unterzogen werden.

Die potentiell in Frage kommenden Maßnahmen lassen sich grundsätzlich in zwei Gruppen einteilen. Die erste Gruppe umfaßt solche Maßnahmen, die wie die genannte Erhöhung der Mineralölsteuer in die bestehende Preisstruktur eingreifen oder aber

---

23 Vgl. B. Wuppermann, S. 505.
24 Vgl. P. Michaelis, S. 127.
25 Vgl. beispielsweise A.J. Fusser, S. 128.
26 Vgl. E. Feess-Dörr, U. Steger und P. Weihrauch, S. 365.
27 Zu diesem Argument vgl. auch E. Feess-Dörr, U. Steger und P. Weihrauch, S. 367.

odnungspolitischer Natur sind. Die zweite Gruppe beinhaltet Infrastrukturmaßnahmen sowie Maßnahmen zur Beeinflussung und Organisation des Verkehrsablaufs.

4.1. Ordnungs- und preispolitische Maßnahmen

Die Zusammenfassung ordnungs- und preispolitischer Maßnahmen in einer Gruppe erscheint zunächst fragwürdig. Während ordnungsrechtliche Instrumente über die Ausübung von Zwang und die Beschneidung des Entscheidungsspielsraums jedes einzelnen zu einer Verringerung der Umweltbelastungen führen sollen, stellen preispolitische Maßnahmen, etwa in Form von Gebühren oder Abgaben, ökonomische Anreizinstrumente dar. Ihre Bewertung unter ökonomischen Gesichtspunkten fällt dementsprechend deutlich unterschiedlich aus[28]. Die gemeinsame Behandlung beider Instrumentengruppen läßt sich lediglich damit begründen, daß ihnen im Zusammenhang mit der Verkehrspolitik bisher die meiste Aufmerksamkeit zugekommen ist. Zu den entsprechenden Instrumenten gehören z.B.[29]:

- Kraftstoffverbrauchsgrenzwerte für die jeweiligen Fahrzeugtypen,
- Änderungen der Bemessungsgrundlage der Kfz-Steuer,
- emissions- bzw. fahrleistungsabhängige Abgaben,
- Geschwindigkeitsbeschränkungen sowie
- Veränderungen der Tarifstruktur des öffentlichen Personenverkehrs.

Einige der genannten Maßnahmen befinden sich bereits in der Phase der umweltpolitischen Umsetzung. So wird vom Bundesumweltministerium eine Reduktion des mittleren Kraftstoffverbrauchs auf unter 5 Liter pro 100 km bis zum Jahr 2005 angestrebt[30]. In der Umsetzungsphase befindet sich ebenfalls die Umstellung der bisher hubraumbezogenen Kfz-Steuer auf eine emissionsbezogene Steuer[31]. Andere Maßnahmen, etwa Veränderungen der Tarifstruktur des öffentlichen Verkehrs, wurden bereits in regional unterschiedlicher Weise eingeführt, die hiervon ausgegangenen Umschichtungen der Verkehrsleistungsnachfrage gingen teilweise sogar über die vorhandenen Kapazitäten des öffentlichen Personenverkehrs hinaus[32]. Darüber hinaus wird in jüngster Vergangenheit wieder eine allgemeine Geschwindigkeitsbegrenzung verstärkt diskutiert[33]. Die Umweltwirkungen einer derartigen Beschränkung

---

28 Zur Bewertung umweltpolitischer Instrumente unter ökonomischen Gesichtspunkten vgl. P. Klemmer, Gesamtwirtschaftliche Effekte ökonomischer Instrumente des Umweltschutzes. In: Umweltschutz. Herausforderungen und Chancen für die Wirtschaft. (Beihefte der Konjunkturpolitik, Heft 38.) Berlin, 1991, S. 135ff.

29 Vgl. hierzu Prognos AG (Hrsg.), S. 43ff.

30 Vgl. Bundesminister für Umwelt, Naturschutz und Reaktorsicherheit (Hrsg.), Beschluß der Bundesregierung zur Reduzierung der energiebedingten CO_2-Emissionen in der Bundesrepublik Deutschland auf der Grundlage des Zweiten Zwischenberichts der Interministeriellen Arbeitsgruppe „CO_2-Reduktion". Bonn 1991, S. 180.

31 Vgl. O.V., Prognose für Luftschadstoffentwicklung aus dem Verkehr. „Umwelt", Jg. 1991, S. 556.

32 So führte die Einführung eines deutlich preisgünstigeren Umwelt-Tickets im Bereich des Verkehrsverbundes Rhein-Ruhr (VRR) zu Engpässen vor allem während der Berufspendler-Zeiten.

33 Vgl. z.B. die Ausführungen des Präsidenten des Umweltbundesamtes H. von Lersner in einem Interview; O.V., „Wir sind für Tempo 120". „Der Spiegel", Hamburg, Ausgabe vom 3. Februar 1992, S. 59ff.

sind allerdings nur schwer feststellbar, da vor allem technische Determinanten (spezifischer Energieverbrauch u.ä.) hier eine Rolle spielen. Gesicherte Erkenntnisse liegen zwar darüber vor, daß bei sehr niedrigen und sehr hohen Geschwindigkeiten die höchsten Abgasemissionswerte erreicht werden[34], die jeweiligen Grenzen jedoch je nach PKW-Typ sehr unterschiedlich sind. Somit sind die Ergebnisse bisher vorgelegter Studien über die Reduzierung der Schadstoffbelastung durch den PKW-Verkehr infolge einer allgemeinen Geschwindigkeitsbegrenzung äußerst widersprüchlich[35].

4.2. Infrastrukturmaßnahmen

Eine weitere Gruppe wirtschaftspolitischer Eingriffsmöglichkeiten bilden Infrastrukturmaßnahmen. Hierzu können gezählt werden[36]:

- verstärkter Ausbau der Infrastruktur des öffentlichen Personenverkehrs,
- Reduzierung von Parkflächen,
- Maßnahmen zur Verkehrsberuhigung oder aber auch
- Ausbau des Straßennetzes.

Zur ersten Maßnahmengruppe können neben dem eigentlichen Ausbau des Wegenetzes des öffentlichen Personenverkehrs kürzere Fahrtaktfrequenzen, eine attraktivere Gestaltung bzw. Plazierung von Haltestellen, Einrichtung von Park- & Ride-Anlagen sowie der Einsatz moderner Verkehrsmittel (vgl. das Beispiel des ICE) gehören. Während diese Maßnahmen die Attraktivität des öffentlichen Verkehrs erhöhen (sollen), vermindern die Reduzierung von Parkflächen sowie Maßnahmen zur Verkehrsberuhigung potentiell die Attraktivität des Individualverkehrs. Hierbei ist allerdings zu beachten, daß das genannte Maßnahmenbündel vor allem für Städte oder größere Ballungszentren relevant ist, die entsprechenden Eingriffsmöglichkeiten somit regional unterschiedliche Relevanz besitzen. Im Zusammenhang mit Maßnahmen zur Verkehrsberuhigung wird in jüngster Zeit verstärkt über das notwendige Ausmaß einer Verdrängung des Individualverkehrs aus den Städten diskutiert[37], da hier die individuelle Betroffenheit aller Verkehrsteilnehmer mit am höchsten ist. Die – in einigen Städten der Bundesrepublik und des Auslands bereits erprobten – Maßnahmen betreffen zeitliche Fahrverbote, Zufahrtsbeschränkungen, Vorrangbestimmungen für den öffentlichen Verkehr sowie technologische Konzepte („Stadtauto")[38]. Gegner einer verstärkten Beschränkung des innerstädtischen Verkehrs weisen insbesondere

---

34 Vgl. S. Schmitz, Schadstoffemissionen des Straßenverkehrs in der Bundesrepublik Deutschland. (Forschungen zur Raumentwicklung, Band 19.) Bonn 1990, S. 87ff.

35 Dies bedeutet allerdings nicht, daß aus verkehrspolitischen oder anderen Gründen eine allgemeine Geschwindigkeitsbeschränkung nicht sinnvoll sein kann.

36 Vgl. Prognos AG (Hrsg.), S. 155ff.

37 Beispielhaft verwiesen sei auf H.H. Topp, Gibt es für Stadt und Auto eine gemeinsame Zukunft? „Zeitschrift für Umweltpolitik und Umweltrecht", Jg. 13 (1990), S. 273ff., sowie R. Willeke, Ist die Stadt noch zu retten? „Zeitschrift für Verkehrswissenschaft", Jg. 62 (1991), S. 59ff.

38 Vgl. W. Schuchardt, Verkehrsberuhigung in europäischen Metropolen. „Vierteljahresberichte der Friedrich-Ebert-Stiftung", Bonn, Jg. 1991, S. 265ff.

auf die hiervon ausgehenden Konsequenzen für den Einzelhandel hin. Neuere Untersuchungen[39] lassen jedoch erkennen, daß die PKW-Verfügbarkeit und hiermit zusammenhängend das Stellplatzangebot bzw. die „Offenheit" der entsprechenden Stadt für den PKW-Verkehr nur für vergleichsweise große Geschäfte (Verbrauchermärkte) von Bedeutung sind. Da dem Facheinzelhandel mit relativ geringer Geschäftsgröße innerhalb der Städte eine besondere Bedeutung zukommt, dürfte das Argument von zu erwartenden Umsatzeinbußen im Einzelhandel somit von untergeordneter Relevanz sein.

Eine kontrovers geführte Diskussion betrifft auch die Frage nach den ökologischen Effekten eines verstärkten Ausbaus des Straßennetzes. Befürworter eines solchen Ausbaus argumentieren, daß die verkehrsbedingten Umweltbelastungen nicht das Resultat zu großer Verkehrsmengen sind, sondern vor allem aus vermeidbaren Störungen und Unterbrechungen des Verkehrsflusses resultieren[40]. Infrastrukturerweiterungen vermindern demnach die Verknappung des Angebots an Straßenverkehrsnetzen, sorgen für einen besseren Verkehrsfluß und entlasten hierdurch die Umwelt. Problematisch scheint eine derartige Sichtweise deshalb zu sein, weil sie lediglich eine defensive Antwort auf den in den letzten Jahrzehnten beobachteten Anstieg der individuellen Verkehrsnachfrage bei gleichzeitig geringem Wachstumstempo der Straßeninfrastruktur gibt. Hierbei wird nämlich implizit von einer exogen vorgegebenen Verkehrsnachfrage ausgegangen. Geht man demgegenüber davon aus, daß die anzustrebende Strategie sowohl die Beeinflussung der Verkehrsnachfrage als auch die weitgehende Beschränkung von Infrastrukturmaßnahmen auf den notwendigen Erhalt beeinhalten soll, erscheint der verstärkte Ausbau der Straßeninfrastruktur problematisch. Als ein Grund hierfür wird u.a. auch die Gefahr des sogenannten „induzierten Verkehrs" genannt[41]. Diese Bezeichnung gilt demjenigen Verkehr, der infolge infrastruktureller Erweiterungsmaßnahmen zusätzlich entsteht. In diesem Zusammenhang ist zwar der Einschätzung zuzustimmen, daß Verkehr eine abgeleitete, durch vorgelagerte ökonomische Aktivitäten maßgeblich beeinflußte Nachfrage darstellt[42]. Die Verteilung der Nachfrage auf die Verkehrsträger dürfte allerdings wesentlich von der Straßeninfrastruktur berührt werden; dies zumindest insoweit, als eine erwünschte stärkere Inanspruchnahme öffentlicher Verkehrsmittel verhindert bzw. verzögert wird[43].

Eng verbunden mit Infrastrukturmaßnahmen sind solche zur Organisation des Verkehrsablaufs. In diesem Zusammenhang werden in jüngster Zeit vor allem integrierte und rechnergestützte Verkehrsleitsysteme diskutiert. Die Bewertung derartiger Maßnahmen in Hinblick auf ihre umweltentlastenden Wirkungen ist allerdings

---

39 Vgl. z.B. H.-C. Holz-Rau, Verkehrsverhalten beim Einkauf. „Internationales Verkehrswesen", Hamburg, Jg. 43 (1991), S. 300ff.

40 Vgl. R. Willeke, S. 61.

41 Vgl. z.B. E. Meier, Neuverkehr infolge Ausbau und Veränderung des Verkehrssystems. Zürich 1989.

42 Vgl. hierzu M. Gierse, Infrastrukturerweiterungen in ihren Wirkungen auf Straßen- und Umweltbelastung. „Zeitschrift für Verkehrswissenschaft", Jg. 62 (1991), S. 215f.

43 Die Studie von Gierse bezieht sich insbesondere auf den Straßengüterverkehr, für den die potentiellen Veränderungen im modal split schon von vornherein als sehr viel geringer eingeschätzt werden müssen als etwa für den Individualverkehr.

ebenfalls umstritten. Wie im Zusammenhang mit der Diskussion um Infrastrukturmaßnahmen können zunächst positive Effekte, d.h. Emissionsminderungen aufgrund eines gleichmäßigeren Verkehrsflusses erwartet werden. Demgegenüber besteht aber auch hier die Gefahr, daß solche Systeme Veränderungen der Struktur der Verkehrsnachfrage zugunsten des öffentlichen Personenverkehrs verhindern bzw. verzögern.

4.3. Zusammenfassende Bewertung

Insgesamt ist der Einschätzung zuzustimmen, daß nur eine Kombination aller zuvor angesprochenen Maßnahmen im Rahmen eines Maßnahmenpakets zu einer nachhaltigen Verringerung der vom Individualverkehr verursachten Umweltbelastungen führt. Die meisten empirischen Studien[44] kommen gleichwohl übereinstimmend zu dem Ergebnis, daß vor allem Eingriffe in die Preisstrukturen, sei es eine auch in der vorliegenden Arbeit untersuchte Erhöhung der Mineralölsteuer, eine Verkehrsabgabe oder aber eine Umstellung der Kfz-Steuer bei isolierter Betrachtung der Maßnahmen die stärksten Entlastungswirkungen nach sich ziehen würden. Die Berücksichtigung von Interdependenzen im Rahmen von Maßnahmenbündeln dürften darüber hinaus zu einer Verstärkung der Wirkungen führen[45].

Der Erfolg aller zuvor genannten Maßnahmen hängt maßgeblich von dem jeweils zugundeliegenden Motiv für die von den Haushalten nachgefragte PKW-Mobilität ab. So deuten die außerordentlich geringen Preiselastizitäten der PKW-Fahrleistungsnachfrage bezüglich der Berufs-, Ausbildungs- und Urlaubsfahrten (vgl. Tabelle 16) auf die geringe Neigung der Bevölkerung hin, die Mobilitätsnachfrage in diesen Bereichen auf veränderte Rahmenbedingungen umzustellen. Dies kann bei Berufs- und Ausbildungsfahrten naturgemäß nicht verwundern, aber auch Urlaubs- und Freizeitfahrten gehören anscheinend zumindest teilweise zum Grundbedarf an Mobilität in der Bundesrepublik. Lediglich in bezug auf Einkaufsfahrten scheint eine größere Bereitschaft vorhanden zu sein, die motorisierte Mobilität einzuschränken. Abschließend ist somit zu konstatieren, daß in Zukunft nicht mit einer nachhaltigen Verringerung der Mobilität gerechnet werden kann[46]. Somit liegt die vornehmliche Aufgabe der Umweltpolitik darin, die Verteilung der Mobilität soweit möglich zugunsten öffentlicher Verkehrsträger zu verändern. Ein Teil der motorisierten Fahrleistung nicht nur zu Berufs- und Ausbildungszwecken, sondern auch zu Freizeit- und Urlaubszwecken, wird allerdings auch in Zukunft mittels des Individualverkehrs bewältigt werden. Die hiervon ausgehenden Umweltbelastungen sollten dann allerdings sowohl durch technische Maßnahmen (Reduktion des durchschnittlichen Treib-

---

44 So die Prognos AG (Hrsg.), S. 267ff., sowie U. Höpfner, J. Kopfmüller und W. Knörr, Energieverbrauch und Emissionen im Verkehrsbereich. Trend und Reduktionsszenario. Berechnungen zum Personenverkehr. In: Enquete-Kommission „Vorsorge zum Schutz der Erdatmosphäre" des Deutschen Bundestages (Hrsg.), Energie und Klima. Band 7: Konzeptionelle Fortentwicklung des Verkehrsbereichs. Bonn und Karlsruhe 1990, S. 364ff.

45 Vgl. hierzu die Einschätzung des Arbeitskreises „Verkehr" der Interministeriellen Arbeitsgruppe „CO_2-Reduktion" in Bundesminister für Umwelt, Naturschutz und Reaktorsicherheit (Hrsg.), S. 161.

46 Zu einer eingehenderen Auseinandersetzung mit dem Mobilitäsproblem vgl. S. Rommerskirchen, Mehr Mobilität – mehr Wohlstand? „Zeitschrift für Verkehrswissenschaft", Jg. 62 (1991), S. 158ff.

Tabelle 18

Regionale Einflußfaktoren von PKW-Besitz und -Nutzung

1989; Anteil in vH der befragten Personen

Regionale Faktoren	Haushalte mit		Jährliche Fahrleistung		Fahrverhalten		
	mindestens 1 PKW	2 und mehr PKW	bis 10 000 km	über 20 000 km	auch kurze Stecken mit PKW	PKW häufig nicht genutzt	bewußt benzinsparendes Fahren
Zahl der Einwohner							
unter 5 000	64,1	21,6	32,1	9,8	47,3	7,7	48,3
5 000 bis 20 000	62,3	18,8	30,4	9,5	43,0	7,9	47,0
20 000 bis 100 000	61,7	15,0	31,1	8,8	42,1	9,8	46,2
100 000 bis 500 000	60,6	18,4	29,0	8,5	41,6	14,2	47,3
500 000 und mehr	55,0	14,7	26,0	8,5	35,2	14,8	42,4
Bundesland[1]							
Niedersachsen/Bremen	62,4	19,2	30,4	10,3	41,0	11,0	50,4
Schleswig-Holstein	61,7	18,0	26,6	11,0	41,4	10,6	44,2
Bayern	60,2	17,4	32,8	8,2	41,0	13,8	47,2
Rheinland-Pfalz	61,1	23,6	30,3	8,6	45,3	9,1	44,3
Baden-Württemberg	59,9	14,3	29,8	8,8	40,0	13,2	47,5
Hessen	63,0	19,6	27,5	11,0	44,8	11,5	47,9
Saarland	62,5	14,2	32,5	7,0	51,6	9,6	51,6
Nordrhein-Westfalen	56,3	15,8	25,5	8,0	37,0	11,0	40,3
Hamburg	44,6	12,0	22,6	5,9	33,0	10,8	36,8
Berlin	57,1	10,1	23,0	10,6	25,5	23,3	39,8

Nach Angaben der Burda Marktforschung (Hrsg.), Typologie der Wünsche 1989, Tabellenband. Offenburg 1989. – [1]Geordnet nach der Bevölkerungsdichte.

RWI ESSEN

stoffverbrauchs) als auch durch ein verändertes Fahrverhalten nur einen Bruchteil der zur Zeit noch beobachteten Umweltwirkungen ausmachen.

Die Betroffenheit der Haushalte durch die genannten Optionen zur Beeinflussung der Verkehrsleistungsnachfrage ist nicht nur von der (bisherigen) Struktur der Nachfrage nach Fahrzwecken bzw. Verkehrsträgern abhängig, sondern darüber hinaus von der regionalen Lage sowie der Größe ihres Wohnortes. So ist unmittelbar einsichtig, daß die „Abhängigkeit" der Haushalte vom Kraftfahrzeug um so höher ist, je geringer die Wohnortgröße sowie die Siedlungsdichte in der Umgebung sind. Empirische Arbeiten haben so auch nachgewiesen, daß im internationalen Vergleich beispielsweise eine abnehmende Siedlungsdichte mit einem erhöhten Treibstoffeinsatz im PKW-Verkehr korreliert[47]. Wie aus Tabelle 18 hervorgeht, sind auch in der Bundesrepublik sowohl

47 Vgl. P.W.G. Newman and J.R. Kenworthy, Cities and Automobile Dependence: A Source Book. Aldershot and Brookfield 1989, S. 48.

PKW-Verfügbarkeit als auch die Nutzung der Kraftfahrzeuge durch Faktoren der Siedlungsdichte determiniert. So ist erkennbar, daß mit zunehmender Wohnortgröße und steigender Siedlungsdichte

- die Ausstattung der Haushalte mit einem und mehr Personenwagen abnimmt,
- die Fahrten von vergleichsweise kürzeren Strecken (Fahrleistung bis zu 10 000 km/Jahr) abnehmen, längere Fahrten (Urlaubsfahrten) jedoch kaum unterschiedlich durchgeführt werden,
- die Bereitschaft, auch kürzere Strecken mit dem PKW zurückzulegen, sinkt und dementsprechend
- die Neigung, das Fahrzeug nicht zu nutzen, steigt (letzteres gilt allerdings lediglich in bezug auf die Wohnortgröße).

Interessant ist der Befund, daß die Bereitschaft, bewußt benzinsparend zu fahren, bei Personen, die in weniger dicht besiedelten Gebieten bzw. in kleineren Städten wohnen, größer ist als bei solchen, die in Großstädten leben. Neben der Tatsache, daß der durchschnittliche Kraftstoffverbrauch in dicht besiedelten Gebieten aufgrund häufigerer Brems- und Beschleunigungsvorgänge schon technisch bedingt höher ist als bei Überlandfahrten, könnten auch verhaltenspsychologische Effekte eine Rolle spielen.

Die vorangegangenen Ausführungen verdeutlichen, daß Maßnahmen, die auf eine einseitige bzw. ungleichgewichtige Verdrängung des motorisierten Individualverkehrs zielen, nicht nur die häufig erwähnten Wirkungen auf die personelle Einkommensverteilung haben, sondern auch die regionale Einkommensverteilung in besonderem Maße hiervon betroffen sein kann. Unter Berücksichtigung regional unterschiedlicher Wirkungen der Maßnahmen ist somit insbesondere ein Ausbau des öffentlichen Personenverkehrs in den dispersen Siedlungsgebieten – ländlicher Raum und Randgebiete von Verdichtungsräumen – vordringlich. Falls dies in der kurzen bis mittelfristigen Sicht nicht möglich ist, sind regional differenzierte Kompensationszahlungen (etwa bei einer allgemeinen drastischen Kraftstoffpreiserhöhung) erforderlich, um eine Benachteiligung der in Randgebieten lebenden Bevölkerung zu verhindern. In diesem Zusammenhang erhobene Forderungen nach einer Umkehrung des Trends fortschreitender Zersiedlung und zunehmender monofunktionaler Flächennutzung[48] erscheinen zwar berechtigt. Sie sind allerdings erst langfristig wirksam und tragen zur mittelfristigen Lösung der vom Individualverkehr ausgehenden Umweltbelastungen nicht bei.

48 Vgl. K.O. Schallaböck, Verkehrsvermeidungspotentiale durch Reduktion von Wegezahlen und Entfernungen. „Informationen zur Raumentwicklung", Jg. 1991, S. 71f.

Sechstes Kapitel

Schlußfolgerungen

Mit der vorliegenden Arbeit wurde der Versuch unternommen, unter Zugrundelegung eines gesamtwirtschaftlichen Analyserasters wesentliche Zusammenhänge zwischen Umweltbewußtsein, Veränderungen der Konsumstruktur und umweltpolitischen Maßnahmen aufzudecken. Die Analyse der von veränderten Konsumstrukturen ausgehenden Umweltwirkungen ergab, daß ein Großteil der Schadstoffbelastungen von Variationen der Produktstruktur innerhalb der jeweiligen Verbrauchssegmente begleitet war. Somit wird die Hypothese bestätigt, daß Verschiebungen zwischen der Verbrauchsgüter-, Gebrauchsgüter- und Dienstleistungsnachfrage für die vom Konsum ausgehenden Veränderungen der Umweltbelastungen nicht in erster Linie verantwortlich sind. Hoffnungen in Hinblick auf „ökologische Gratiseffekte" des intersektoralen Strukturwandels müssen zumindest hinsichtlich des bedeutendsten Nachfrageaggregrates Privater Verbrauch enttäuscht werden.

Inwieweit Veränderungen der intrasektoralen Konsumstruktur durch einen Anstieg des Umweltbewußtseins determiniert wurden und welche Umweltwirkungen hiervon ausgegangen sind, wurde anhand ausgewählter Konsumbereiche untersucht. Im wesentlichen ging es hierbei um die Separierung der Determinanten, die zu einer Zunahme „umweltfreundlichen Verhaltens" geführt haben. Soweit dies im Rahmen einer makroökonomischen Analyse überhaupt möglich ist – zu denken ist insbesondere an die Probleme der adäquaten Messung von „Umweltbewußtsein" sowie der Abgrenzung umweltfreundlicher Produkte –, muß für den Untersuchungszeitraum aber wohl auch nach wie vor von einer ausgeprägten Dominanz ökonomischer Faktoren für das Konsumverhalten ausgegangen werden. Zunehmendes umweltfreundliches Verhalten war somit eher das Ergebnis einer Reaktion auf veränderten Einkommens- bzw. Preisrelationen und/oder reflektierten umweltpolitische Eingriffe in das Wirtschaftsgeschehen. Eine Verschiebung der Verhaltenskurven im Zusammenhang des Kirsch-Modells lag demnach nur für wenige Ausnahmen vor.

Gilt dieser Befund auch in Zukunft, so sind Veränderungen der vom Privaten Verbrauch ausgehenden Umweltbelastungen für die kurze und mittlere Frist insbesondere durch wirtschaftspolitische Maßnahmen zu erreichen. Daß in diesem Zusammenhang allerdings kein „Königsweg" existiert, sollten die Überlegungen hinsichtlich der diskutierten Maßnahmen zur Verringerung des Verpackungsaufkommens sowie der

Beeinflussung des Verkehrsverhaltens der Haushalte deutlich gemacht haben. Die im Rahmen der Analyse mehrfach geäußerte Präferenz für Eingriffe in die Preisstruktur sind zwar auch das Ergebnis der den Berechnungen zugrundeliegenden empirischen Modelle. Hinzu kommt allerdings die Einschätzung, daß vor allem Erhöhungen der finanziellen Belastungen zu nachhaltigen Verhaltensänderungen der Verbraucher führen dürften.

Naturgemäß konnte die vorliegende Arbeit viele der nach wie vor vorhandenen Defizite nicht beseitigen. Diese Defizite liegen sowohl bezüglich der theoretischen Fundierung als auch hinsichtlich der empirischen Validierung vor. Insbesondere die von Dierkes und Fietkau geforderte Integration verschiedener Ansätze in einen gemeinsamen theoretischen Bezugsrahmen ist mit der hier vorgenommenen Interpretation von Änderungen des Umweltbewußtseins als Wandel der Präferenzstruktur nur ansatzweise gelungen. Ein für mikroökonomische Untersuchungen bereits vorliegendes umfassendes Modell umweltbewußten Konsumentenverhaltens, das auf makroökonomische Zusammenhänge anwendbar und empirisch überprüfbar ist, fehlt nach wie vor. Wie insbesondere die Ausführungen zu der Verkehrsleistungsnachfrage gezeigt haben, sind „eindimensionale" Sichtweisen des Zusammenhangs zwischen Ökonomie und Ökologie äußerst problematisch. Die auf einer solchen Sichtweise basierenden wirtschaftspolitischen Empfehlungen, dies gilt auch für den analysierten Bereich der Verpackungsabfälle, können kontraproduktive Reaktionen der Verbraucher hervorrufen. Das makroökonomische Analyseraster muß deshalb zukünftig insbesondere nach weiteren – beispielsweise soziodemographischen oder regionalen – Merkmalen unterteilt werden[1].

1 Zur Einbeziehung des regionalen Aspekts in die Umweltpolitik vgl. P. Klemmer, Regionalpolitik und Umweltpolitik. Untersuchung der Interdependenzen zwischen Regionalpolitik und Umweltpolitik. (Beiträge der Akademie für Raumforschung und Landesplanung, Nr. 106.) Hannover 1988, sowie H. Karl und P. Klemmer, Einbeziehung von Umweltindikatoren in die Regionalpolitik. (Schriftenreihe des Rheinisch-Westfälischen Instituts für Wirtschaftsforschung, Neue Folge Heft 50.) Berlin 1990.

Tabelle 19

Gleichungen des Getränkeverpackungsmodells

Stützbereich 1975 bis 1988

(1)	PVCMIN = 0,11 * ABMIN + 3,53 * (PIPVC/PCP) * (PIMIN/PCP) – 561,18 (10,4) (4,8) (–5,7) $\bar{R}^2$ = 0,942; DW = 1,971
(2)	WBMIN = 0,01 * ABMIN – 0,14 * (PIWB/PCP) * (PIMIN/PCP) + 2,64 (3,5) (–1,3) (0,2) $\bar{R}^2$ = 0,948; DW = 1,699
(3)	GLMIN = 0,08 * ABMIN – 0,79 * (PIGLS/PCP) * (PIMIN/PCP) + 4,29 (10,1) (–1,3) (0,1) $\bar{R}^2$ = 0,957; DW = 0,621
(4)	GLBIER = 0,10 * ABBIER – 3,90 * (PIGLS/PCP) * (PIBIER/PCP) + 101,72 (1,9) (–6,6) (0,3) $\bar{R}^2$= 0,762; DW = 1,015
(5)	WBBIER = –0,05 * ABBIER – 6,93 * (PIWB/PCP) * (PIBIER/PCP) + 1158,43 (–0,6) (–12,3) (2,3) $\bar{R}^2$ = 0,923; DW = 1,197
(6)	ALBIER = –0,02 * ABBIER – 0,03 * (PIALU/PCP) * (PIBIER/PCP) + 11,12 * TREND (–1,1) (–0,1) (3,8) $\bar{R}^2$ = 0,845; DW = 0,853
(7)	GLERFR = 0,05 * ABERFR – 2,73 * (PIGLS/PCP) * (PIERFR/PCP) + 330,39 (2,1) (–3,4) (1,9) $\bar{R}^2$ = 0,871; DW = 1,288
(8)	WBERFR = 0,25 * ABERFR – 5,93 * (PIWB/PCP) * (PIERFR/PCP) (12,4) (–6,5) $\bar{R}^2$ = 0,853; DW = 0,442
(9)	ALERFR = –0,02 * ABERFR + 0,43 * (PIALU/PCP) * (PIERFR/PCP) (–2,5) (4,2) $\bar{R}^2$ = 0,490; DW = 1,921
(10)	GLFRS = –0,13 * ABFRS – 0,04 * (PIGLS/PCP) * (PIFRS/PCP) + 9,18 * UMBEW + 548,73 (–1,3) (–0,1) (2,0) (2,2) $\bar{R}^2$ = 0,439; DW = 1,131
(11)	PVCFRS = 0,07 * ABFRS + 0,53 * (PIPVC/PCP) * (PIFRS/PCP) – 0,16 * BLFRS (1,4)(1,2) (–2,1) $\bar{R}^2$ = 0,7234; DW = 1,105
(12)	BLFRS = 0,52 * ABFRS – 1,06 * (PIKART/PCP) * (PIFRS/PCP) – 3,14 * PVCFRS (7,0) (–0,5) (–2,7) $\bar{R}^2$ = 0,9686; DW = 0,799
(13)	BBFRS = 6,91 * (VCPA80R) + 0,01 * ABFRS + 42,82 (5,0) (1,1) (5,0) $\bar{R}^2$ = 0,645; DW = 1,601
(14)	WBFRS = 0,01 * ABFRS + 0,18 * (PIWB/PCP) * (PIFRS/PCP) – 1,34 * TREND (2,5) (4,6) (–2,7) $\bar{R}^2$ = 0,558; DW = 1,113
(15)	GLWEIN = 0,64 * ABWEIN + 2,39 * (PIGLS/PCP) * (PIWEIN/PCP) – 277,71 (3,7) (2,1) (–1,5) $\bar{R}^2$ = 0,591; DW = 0,528
(16)	BLWEIN = 0,01 * ABWEIN – 0,96 * (PIKART/PCP) * (PIWEIN/PCP) + 116,61 (0,1) (–7,5) (5,2) $\bar{R}^2$ = 0,904; DW = 2,625

noch Tabelle 19

Gleichungen des Getränkeverpackungsmodells

Stützbereich 1975 bis 1988

(17)	VEWGL = GLBIER + GLMIN + GLERFR + GLFRS + GLWEIN
(18)	VEWWB = WBBIER + WBMIN + WBERFR + WBFRS
(19)	VEWAL = ALBIER + ALERFR
(20)	VEWPVC = PVCMIN + PVCERFR + PETERFR + PVCFRS
(21)	VEWBL = BLFRS + BBFRS + BLWEIN
(22)	RCEW = RCREW + RCEWG + RCUEW + RCWB
(23)	MWBIER = ABBIER - GLBIER - WBBIER - ALBIER
(24)	MWMIN = ABMIN - GLMIN - PVCMIN - WBMIN
(25)	MWERFR = ABERFR - GLERFR - PVCERFR - PETERFR - WBERFR - ALERFR
(26)	MWFRS = ABFRS - GLFRS - PVCFRS - BLFRS - BBFRS - WBFRS
(27)	MWWEIN = ABWEIN - GLWEIN - BLWEIN
(28)	RCEWG = 0,24 * (GLBIER + GLMIN + GLERFR + GLFRS + GLWEIN) + 3,93 * UMBEW (5,2) (7,1) - 461,90 (-5,9) $\bar{R}^2$ = 0,980; DW = 1,781
(29)	RCWB = 0,03 * (WBBIER + WBMIN + WBERFR + WBFRS) + 0,03 * UMBEW - 2,28 (16,9) (1,6) (-5,0) $\bar{R}^2$ = 0,997; DW = 1,528
(30)	RCREW = 0,10 * (ALBIER + ALERFR + PVCMIN + PVCERFR + PVCFRS + BLFRS (10,4) + BBFRS + BLWEIN) - 16,50 (-1,5) $\bar{R}^2$ = 0,907; DW = 0,654
(31)	RCMW = 0,06 * (MWBIER + MWMIN + MWERFR + MWFRS + MWWEIN) - 645,96 (8,4) (-7,4) $\bar{R}^2$ = 0,8636; DW = 1,472
(32)	RCUEW = 0,02 * GETRVEW - 1,37 * UMBEW + 4,65 (3,9) (-1,9) (0,5) $\bar{R}^2$ = 0,6143; DW = 1,246
(33)	BAEW=EAEW - RCEWG - RCWB - RCREW - RCMW - RCUEW
(34)	BAMW=EAMW - RCMW
(35)	EAEW = 0,18 * (VEWGL + VEWWB + VEWAL + VEWPVC + VEWBL) (8,1) - 8,34 * UMBEW + 883,52 (-4,5) (26,6) $\bar{R}^2$ = 0,955; DW = 2,492
(36)	EAMW = 0,08 * (MWBIER + MWMIN + MWERFR + MWFRS + MWWEIN) (2,2) + 22,88 * TREND - 101,42 (-3,0) (-0,3) $\bar{R}^2$ = 0,479; DW = 0,664

Unter den Koeffizienten sind in Klammern die t-Werte ausgewiesen. Es bedeuten: $\bar{R}^2$: korrigiertes Bestimmtheitsmaß, DW: Durbin-Watson-Teststatistik. Zu den Abkürzungen vgl. Übersicht 3.

RWI ESSEN

Übersicht 3

Variablen des Getränkeverpackungsmodells	
Variable	Beschreibung
ABBIER	Abfüllmenge Bier ingesamt, in Mill. l
ABERFR	Abfüllmenge Erfrischungsgetränke mit CO2 insgesamt, in Mill. l
ABFRS	Abfüllmenge Fruchtsäfte insgesamt, in Mill. l
ABMIN	Abfüllmenge Mineralwasser insgesamt,, in Mill. l
ABWEIN	Abfüllmenge Wein insgesamt, in Mill. l
ALBIER	Einwegabfüllmenge Bier Aluminium, in Mill. l
ALERFR	Einwegabfüllmenge Erfrischungsgetränke Aluminium, in Mill. l
ALTWEIN	Abfüllmenge Wein Mehrweg/Altglas, in Mill. l
BA	Zu beseitigende Abfallmenge insgesamt
BAEW	Zu beseitigende Abfallmenge Einweg
BAMW	Zu beseitigende Abfallmenge Mehrweg
BBFRS	Einwegabfüllmenge Fruchtsäfte Beutel und Becher, in Mill. l
BLFRS	Einwegabfüllmenge Fruchtsäfte Block und Hypa, in Mill. l
BLWEIN	Einwegabfüllmenge Wein Block, in Mill. l
BVEW	Zu beseitigendes Abfallvolumen Einweg
BVMW	Zu beseitigendes Abfallvolumen Mehrweg
EA	Entstehende Abfallmenge insgesamt
EAEW	Entstehende Abfallmenge Einweg
EAMW	Entstehende Abfallmenge Mehrweg
EWAL	Einwegverpackungen Aluminium, in Mill. Stück
EWBE	Einwegverpackungen Beutel und Becher, in Mill. Stück
EWBL	Einwegverpackungen Block und Hypa, in Mill. Stück
EWGL	Einwegverpackungen Glas, in Mill. Stück
EWPE	Einwegverpackungen PVC und PE, in Mill. Stück
EWWB	Einwegverpackungen Weißblech, in Mill. Stück
EWWEIN	Einwegabfüllmenge Wein insgesamt, in Mill. l
GLBIER	Einwegabfüllmenge Bier Glas, in Mill. l
GLERFR	Einwegabfüllmenge Erfrischungsgetränke Glas, in Mill. l
GLFRS	Einwegabfüllmenge Fruchsäfte Glas, in Mill. l
GLMIN	Einwegabfüllmenge Mineralwasser Glas, in Mill. l
GLWEIN	Einwegabfüllmenge Wein Glas, in Mill. l
MWBIER	Mehrwegabfüllmenge Bier, in Mill. l
MWERFR	Mehrwegabfüllmenge Erfrischungsgetränke, in Mill. l
MWERS	Mehrwegabfüllmenge Fruchsäfte, in Mill. l
MWMIN	Mehrwegabfüllmenge Mineralwasser, in Mill. l
MWWEIN	Mehrwegabfüllmenge Wein, in Mill. l

noch Übersicht 3

Variablen des Getränkeverpackungsmodells	
Variable	Beschreibung
PCP	Preisindex des Privaten Verbrauchs, 1980=100
PETERFR	Einwegabfüllmenge Erfrischungsgetränke Pet, in Mill. l
PIALU	Produktionspreis Aluminiumdosen, 1980=100
PIBIER	Verbraucherpreis Bier, 1980=100
PIERFR	Verbraucherpreis Erfrischungsgetränke, 1980=100
PIFRS	Verbraucherpreis Fruchsäfte, 1980=100
PIGLS	Produktionspreis Glasflaschen, 1980=100
PIKART	Produktionspreis Kartonverpackungen für Getränke, 1980=100
PIMIN	Verbraucherpreis Mineralwasser, 1980=100
PIPET	Produktionspreise Flaschen aus Pet, 1980=100
PIPVC	Produktionspreise Flaschen aus PVC, 1980=100
PIWB	Produktionspreis Weißblechdosen, 1980=100
PIWEIN	Verbraucherpreis Wein, 1980=100
PVCFRS	Einwegabfüllmenge Fruchsäfte PVC und PE, in Mill. l
PVCMIN	Einwegabfüllmenge Mineralwasser PVC, in Mill. l
RCEW	Recyclingmengen Einweg, in 1000 t
RCEWG	Recyclingmengen Einweg-GLS, in 1000 t
RCG	Recyclingmengen Glas, in 1000 t
RCMW	Recyclingmengen Mehrweg, in 1000 t
RCMWG	Recyclingmengen Mehrweg Glas, in 1000 t
RCREW	Recyclingmengen Restaufkommen, in 1000 t
RCUEW	Recyclingmengen Einwegumverpackungen, in 1000 t
RCUMW	Recyclingmengen Mehrwegumverpackungen, in 1000 t
RCWB	Recyclingmengen Weißblech, in 1000 t
UMBEW	Anteil der umweltbewußten Haushalte, in vH
VEWAL	Getränkeverbrauch Einweg Aluminium insgesamt, in Mill. l
VEWBL	Getränkeverbrauch Einweg Block insgesamt, in Mill. l
VEWGL	Getränkeverbrauch Einweg Glas insgesamt, in Mill. l
VEWPVC	Getränkeverbrauch Einweg PVC insgesamt, in Mill. l
VEWWB	Getränkeverbrauch Einweg Weißblech insgesamt, in Mill. l

RWI ESSEN

Tabelle 20

	Gleichungen des Verkehrsmodells Stützbereich 1966 bis 1988
(1)	PKWBD = 24,58 * YPVR – 5157,74 * VPKS/VPVERK (23,0) (–5,8) $\bar{R}^2$ = 0,971; DW = 0,985
(2)	VPKWBF = 4,95 * PKWBD – 1325,47 * VPKS/VPVERK (63,0) (–1,1) $\bar{R}^2$ = 0,996; DW = 2,187
(3)	VOSVBF = –1,92 * PKWBD + 6376,89 * VPKS/VPVERK + 50,86 * YPVR (–3,7) (2,2) (3,9) $\bar{R}^2$ = 0,834; DW = 1,697
(4)	VEBVBF = 6496,62 * VPKS/VPVERK + 2299,65 (8,3) (2,9) $\bar{R}^2$ = 0,906; DW = 1,191
(5)	VPKWAB = 0,57 * PKWBD + 0,33 * AZUBI – 4105,52 (16,1) (2,1) (–2,3) $\bar{R}^2$ = 0,982; DW = 3,124
(6)	VOSVAB = 8598,72 * VPKS/VPVERK + 1,32 * AZUBI + 20,51 * YPVR – 31563,89 (3,5) (6,2) (6,3) (–7,0) $\bar{R}^2$ = 0,974; DW = 3,267
(7)	VPKWEK = 0,30 * PKWBD – 21774,61 * VPKS/VPVERK + 57808,44 (1,2) (–3,4) (5,9) $\bar{R}^2$ = 0,936; DW = 1,572
(8)	VOSVEK = 694,50 * VPKS/VPVERK + 11,85 * YPVR (1,1) (15,0) $\bar{R}^2$ = 0,890; DW = 1,312
(9)	VEBVEK = 755,45 * VPKS/VPVERK + 2,67 * YPVR (4,9) (14,2) $\bar{R}^2$ = 0,806; DW = 2,986
(10)	VPKWFZ = 5,29 * PKWBD – 62647,73 * VPKS/VPVERK + 155404,64 (8,1) (–3,7) (6,0) $\bar{R}^2$ = 0,989; DW = 3,427
(11)	VOSVFZ = 29,72 * YPVR + 7856,61 * VPKS/VPVERK – 11639,79 (5,9) (1,9) (–1,5) $\bar{R}^2$ = 0,935; DW = 1,328
(12)	VPKWUL = 58,96 * YPVR – 9010,67 * VPKS/VPVERK – 5,89 * VLFVFZ (19,6) (–3,6) (–1,5) $\bar{R}^2$ = 0,968; DW = 1,648
(13)	VOSVUL = 2,70 * YPVR – 464,38 (10,6) (–2,2) $\bar{R}^2$ = 0,941; DW = 1,906
(14)	VEBVUL = –0,16 * PKWBD – 3217,19 * LOG(VPKS/VPVERK) + 6695,63 (–5,9) (–4,5) (17,6) $\bar{R}^2$ = 0,839; DW = 2,744
(15)	VLFVUL = 9,58 * YPVR – 4116,22 * VP9/VPPCP (12,8) (–6,7) $\bar{R}^2$ = 0,9504; DW = 2,048
(16)	VPPCP = 0,12 * VPKS + 0,70 * VPVERK + 15,57 (1,9) (19,7) (5,0) $\bar{R}^2$ = 0,995; DW = 1,037

noch Tabelle 20

Gleichungen des Verkehrsmodells Stützbereich 1966 bis 1988	
(17)	VLBF = VPKWBF + VOSVBF + VEBVBF1
(18)	VLAB = VPKWAB + VOSVAB + VEBVAB1
(19)	VLEK = VPKWEK + VOSVEK + VEBVEK
(20)	VLFZ = VPKWFZ + VOSVFZ + VEBVFZ + VLFVFZ
(21)	VLUL = VPKWUL + VOSVUL + VEBVUL + VLFVFZ
(22)	VEBVAB = 0,22 * AZUBI + 592,62 * DUM82 + 263,06 * VPKS/VPVERK
	(17,6) (3,7) (1,7)
	$\overline{R}^2$ = 0,863; DW = 1,937
(23)	VEBVFZ = VLFZ – VPKWFZ – VOSVFZ – VLFVFZ
(24)	VLFVFZ = VLFZ – VPKWFZ – VOSVFZ – VEBVFZ

Unter den Koeffizienten sind in Klammern die t-Werte ausgewiesen. Es bedeuten: $\overline{R}^2$: korrigiertes Bestimmtsheitsmaß, DW: Durbin-Watson-Teststatistik. Zu den Abkürzungen vgl. Übersicht 4.

RWI ESSEN

Übersicht 4

Variablen des Verkehrsmodells

Variable	Beschreibung
AZUBI	Schüler, Studenten und Auszubildende, in 1 000
DUM82	DUMMY-Variable
PKWBD	PKW-Bestand 1960 bis 1988, in 1 000
TREND	Trendvariable
VEBVAB	Verkehrsleistung, Eisenbahn, Ausbildung, in Mill. PKM
VEBVBF	Verkehrsleistung, Eisenbahn, Beruf, in Mill. PKM
VEBVEK	Verkehrsleistung, Eisenbahn, Einkauf, in Mill. PKM
VEBVFZ	Verkehrsleistung, Eisenbahn, Freizeit, in Mill. PKM
VEBVGS	Verkehrsleistung, Eisenbahn, Geschäft, in Mill. PKM
VEBVUL	Verkehrsleistung, Eisenbahn, Urlaub, in Mill. PKM
VLAB	Verkehrsleistung, Ausbildung insgesamt, in Mill. PKM
VLBF	Verkehrsleistung, Beruf insgesamt, in Mill. PKM
VLEK	Verkehrsleistung, Einkauf insgesamt, in Mill. PKM
VLFVFZ	Verkehrsleistung, Flugverkehr, Freizeit, in Mill. PKM
VLFVUL	Verkehrsleistung, Flugverkehr, Urlaub, in Mill. PKM
VLFZ	Verkehrsleistung, Freizeit, in Mill. PKM
VLUL	Verkehrsleistung, Urlaub, in Mill. PKM
VOSVAB	Verkehrsleistung, Öffentl. Straßenpersonenverkehr, Ausbildung, in Mill.
VOSVBF	Verkehrsleistung, Öffentl. Straßenpersonenverkehr, Beruf, in Mill. PKM
VOSVEK	Verkehrsleistung, Öffentl. Straßenpersonenverkehr, Einkauf, in Mill. PKM
VOSVFZ	Verkehrsleistung, Öffentl. Straßenpersonenverkehr, Freizeit, in Mill. PKM
VOSVGS	Verkehrsleistung, Öffentl. Straßenpersonenverkehr, Geschäft, in Mill. PKM
VOSVUL	Verkehrsleistung, Öffentl. Straßenpersonenverkehr, Urlaub, in Mill. PKM
VP9	Verkehrspreis, Flug, Frankfurt-Athen-Frankfurt, 1980=100
VPKS	Verkehrspreis, Kraftstoffe, 1980=100
VPKWAB	Verkehrsleistung, PKW-Ausbildung, in Mill. PKM
VPKWBF	Verkehrsleistung, PKW-Beruf, in Mill. PKM
VPKWEK	Verkehrsleistung, PKW-Einkauf, in Mill. PKM
VPKWFZ	Verkehrsleistung, PKW-Freizeit, in Mill. PKM
VPKWGS	Verkehrsleistung, PKW-Geschäft, in Mill. PKM
VPKWUL	Verkehrsleistung, PKW, Urlaub, in Mill. PKM
VPPCP	Verkehrspreis „Privater Verbrauch insgesamt“, 1980=100
VPVERK	Verkehrspreis, Fremde Verkehrsleistungen, 1980=100
YPVR	Verfügbares Einkommen, real, einzelne Jahre, in Mrd. DM

RWI ESSEN

Tabelle 21

Ex post-Prognosegüte ausgewählter Gleichungen des Getränkeverpackungsmodells

1975 bis 1988

	Prüfmaße[1]			
	RMSPE	UM	US	UC
Getränkeverbrauch				
Mineralwasser				
PVC	15,8	0,02	0,08	0,90
Weißblech	9,4	0,04	0,10	0,86
Glas	7,2	0,00	0,00	1,00
Bier				
Glas	3,8	0,00	0,04	0,96
Weißblech	13,9	0,02	0,00	0,98
Aluminium	16,5	0,00	0,04	0,96
Erfrischungsgetränke				
Glas	5,3	0,00	0,02	0,98
Weißblech	18,0	0,01	0,01	0,98
Aluminium	8,5	0,00	0,20	0,80
Fruchtsäfte				
Glas	6,9	0,00	0,15	0,85
PVC	18,5	0,00	0,17	0,83
Block/Hypa	7,9	0,00	0,08	0,92
Beutel/Becher	10,1	0,01	0,09	0,90
Weißblech	15,3	0,05	0,21	0,74
Wein				
Glas	4,9	0,00	0,15	0,85
Block/Hypa	9,4	0,03	0,18	0,79
Entstandene Abfallmenge				
Einweg	2,0	0,02	0,22	0,76
Mehrweg	9,5	0,02	0,09	0,89
Recyclete Abfallmenge				
Einweg	9,6	0,13	0,23	0,64
Mehrweg	15,2	0,01	0,00	0,99

Eigene Berechnungen. – [1]Es bedeuten RMSPE: Root-Mean-Square-Percentage Error; UM: Mittelwert-; US: Varianz-; UC: Kovarianzfehler. RWI ESSEN

Tabelle 22

Ex post-Prognosegüte des Verkehrsmodells

1966 bis 1988

Fahrzweck/Verkehrsträger	Prüfmaße[1] RMSPE	UM	US	UC
Beruf				
PKW	8,7	0,04	0,24	0,72
Öffentlicher Straßenpersonenverkehr	12,4	0,05	0,19	0,76
Schienenverkehr	6,2	0,05	0,22	0,73
Ausbildung				
PKW	13,2	0,03	0,25	0,72
Öffentlicher Straßenpersonenverkehr	5,7	0,01	0,02	0,97
Schienenverkehr	3,9	0,00	0,09	0,91
Einkauf				
PKW	3,4	0,02	0,18	0,79
Öffentlicher Straßenpersonenverkehr	8,0	0,01	0,19	0,80
Schienenverkehr	6,7	0,00	0,06	0,94
Freizeit				
PKW	4,1	0,04	0,19	0,77
Öffentlicher Straßenpersonenverkehr	5,8	0,01	0,09	0,90
Schienenverkehr	12,3	0,20	0,23	0,57
Flugverkehr	20,1	0,18	0,32	0,50
Urlaub				
PKW	12,3	0,12	0,23	0,65
Öffentlicher Straßenpersonenverkehr	8,8	0,00	0,00	1,00
Schienenverkehr	10,9	0,01	0,25	0,74
Flugverkehr	17,6	0,00	0,12	0,88

Eigene Berechnungen. – [1]Es bedeuten RMSPE: Root-Mean-Square-Percentage Error; UM: Mittelwert-; US: Varianz-; UC: Kovarianzfehler. RWI ESSEN

Literaturverzeichnis

Adelt, P. und Bach, D., Wahrgenommene Kaufrisiken bei ökologisch gestalteten Produkten – dargestellt am Produktbereich Waschmittel. „Markenartikel", Wiesbaden, Jg. 53 (1991), S. 148ff.

Adelt, P., Müller, H. und Zitzmann, A., Umweltbewußtsein und Konsumverhalten – Befunde und Zukunftsperspektiven. In: R. Szallies und G. Wiswede (Hrsg.), S. 157ff.

Adlwarth W. und Wimmer, F., Umweltbewußtsein und Kaufverhalten – Ergebnisse einer Verbraucherpanel-Studie. „Jahrbuch der Absatz- und Verbrauchsforschung", Berlin, Jg. 32 (1986), S. 166ff.

Aijzen, I. and Fishbein, M., Attitude-Behavior Relations: A Theoretical Analysis and Review of Empirical Research. „Psychological Bulletin", vol. 84 (1977), S. 888ff.

Albers, S., Schätzung von Nachfragereaktionen auf Variationen des Tarif- und Leistungsangebotes im öffentlichen Personennahverkehr. „Zeitschrift für Verkehrswissenschaft", Düsseldorf, Jg. 54 (1983), S. 230ff.

Antwort der Bundesregierung auf die kleine Anfrage der Abgeordneten Dr. Martiny, .., und der Fraktion der SPD, Konsum und Umwelt – Informations- und Beratungsmöglichkeiten für Verbraucherinnen und Verbraucher. Deutscher Bundestag, Drucksache 11/2527. Bonn 1988.

Antonides, G., An Attempt at Integration of Economic and Psychological Theories of Consumption. „Journal of Economic Psychology", vol. 10 (1989), S. 78ff.

Assenmacher, W., Einführung in die Ökonometrie. 3. Aufl., München 1990.

Assenmacher, W., Zum Verhältnis zwischen Wirtschaftstheorie und Ökonometrie. „Allgemeines Statistisches Archiv", Göttingen, Jg. 70 (1986), S. 329.

Assenmacher, W. und Wenke, M., Haushaltsproduktion, Frauenerwerbstätigkeit und Dienstleistungsnachfrage privater Haushalte in der Bundesrepublik Deutschland. „Jahrbücher für Nationalökonomie und Statistik", Stuttgart, Band 211 (1993), S. 88ff.

Balderjahn, I., Das umweltbewußte Konsumentenverhalten. Eine empirische Studie. (Betriebswirtschaftliche Schriften, Heft 123.) Berlin 1986.

Beuth, K.P., Ökologischer Kreislauf soll geschlossen werden. „Handelsblatt", Düsseldorf, Ausgabe vom 10. Juni 1991, S. 23.

Blömer, G. und Maier, B., Öko-Bilanz: Schlüssel zum betrieblichen Umweltschutz? „Blick durch die Wirtschaft", Frankfurt, Ausgabe vom 19. März 1991, S. 7.

Blümle, G., Einige Gründe für die „Lücke" zwischen Theorie und Praxis in der derzeitigen Umweltpolitik. In: L. Wegehenkel (Hrsg.), S. 21ff.

Bonus, H. [I], On the Consumer's Waste Decision. „Zeitschrift für die gesamte Staatswissenschaft", Tübingen, Band 128 (1972), S. 257ff.

Bonus, H. [II], Öffentliche Güter und der Öffentlichkeitsgrad von Gütern. „Zeitschrift für die gesamte Staatswissenschaft", Tübingen, Band 136 (1980), S. 50ff.

Bonus, H. [III], Preis- und Mengenlösungen in der Umweltpolitik. „Jahrbuch für Sozialwissenschaft", Frankfurt a.M., Jg. 41 (1990), S. 343ff.

Braun, I., Technische Infrastrukturen der Konsumarbeit am Beispiel des Wäschewaschens. „Zeitschrift für Umweltpolitik und Umweltrecht", Frankfurt, Jg. 12 (1989), S. 355ff.

Bundesminister für Verkehr (Hrsg.), Verkehr in Zahlen. Bonn, lfd. Jgg.

Bundesminister für Umwelt, Naturschutz und Reaktorsicherheit (Hrsg.), Beschluß der Bundesregierung zur Reduzierung der energiebedingten CO_2-Emissionen in der Bundesrepublik Deutschland auf der Grundlage des Zweiten Zwischenberichts der Interministeriellen Arbeitsgruppe „CO_2-Reduktion". Bonn 1991.

Burda Marktforschung (Hrsg.), Typologie der Wünsche 1989, Tabellenband. Offenburg 1989.

Coleman, J.S., Collective Decision. „Sociological Inquiry", vol. 1964, S.160ff.

Corsten, H. und Meier, B., Verbraucherinformation als zentrales Instrument der Verbraucherpolitik unter besonderer Berücksichtigung der Qualitätsbeurteilung. „Jahrbuch für Absatz- und Verbrauchsforschung", Berlin, Jg. 30 (1984), S. 13ff.

Deaton, A. and Muellbauer, J., Economics and Consumer Behavior. Cambridge u.a. 1988.

Deutsches Institut für Gütesicherung und Kennzeichnung (Hrsg.), Umweltzeichen. Produktanforderungen, Zeichenanwender und Produkte. Bonn 1990.

Deutsches Institut für Wirtschaftsforschung (Hrsg.), Begrenzung des PKW-Verkehrs durch ökologisch orientierte Verkehrspolitik. Ergebnisse einer Nachfrageschätzung für den Personenverkehr im Land Nordrhein-Westfalen. (Bearb.: H. Rieke und U. Voigt.) „DIW-Wochenbericht", Berlin, Jg. 57 (1990), S. 386ff.

Dierkes, M. und Fietkau, H.-J., Umweltbewußtsein – Umweltverhalten. (Materialien zur Umweltforschung, Nr. 15.) Wiesbaden 1988.

Döhrn, R., Der Private Verbrauch in der Bundesrepublik Deutschland 1960 bis 1985. (RWI-Papiere, Nr. 18.) Essen 1987.

Donner, H., Instrumente des Umweltschutzes im Bereich der Getränkeverpackungssysteme. „Zeitschrift für Umweltpolitik und Umweltrecht", Frankfurt, Jg. 13 (1990), S. 121ff.

Durbin, J. and Watson, G.S., Testing for Serial Correlation in Least Squares Regression. „Biometrika", vol. 38 (1951), S. 159ff.

Eickeler, R., Töpfer will Kommunen Mut zum Handeln machen. „Handelsblatt", Düsseldorf, Ausgabe vom 4. Juni 1991, S. 4.

Engel, J.F., Kollat, D.T. and Blackwell, R.D., Consumer Behavior. 2nd ed., New York 1973.

Endres, A., Die pareto-optimale Internalisierung externer Effekte. Frankfurt/M. und Bern 1976.

Endres, A. u.a., Der Nutzen des Umweltschutzes. (Berichte des Umweltbundesamtes, Nr. 12/91.) Berlin 1991.

Enquete-Kommission „Vorsorge zum Schutz der Erdatmosphäre" des Deutschen Bundestages (Hrsg.), Energie und Klima. Band 7: Konzeptionelle Fortentwicklung des Verkehrsbereichs. Bonn und Karlsruhe 1990.

Ester, P., Consumer Behavior and Energy Conservation. Dortrecht 1985.

Etter, W.L., Attitude Theory and Decision Theory: Where is the Common Ground? „Journal of Marketing Research", vol. 12 (1975), S. 481ff.

Etzioni, A., Opening the Preferences: A Socio-Economic Research Agenda. „Journal of Behavioral Economics", vol. 15 (1985), S. 183ff.

Ewringmann, D., Zur Effizienz eines Zwangspfandes auf ausgewählte Getränkeverpackungen. Köln 1986.

Feess-Dörr, E., Steger, U. und Weihrauch, P., Strategien zur Reduktion der Umweltbelastungen durch Einwegverpackungen. Eine Kritik der Verpackungsverordnung vom Mai 1991. „Zeitschrift für Umweltpolitik und Umweltrecht", Frankfurt, Jg. 14 (1991), S. 349ff.

Fietkau, H.-J., Psychologische Ansätze zu Mediationsverfahren im Umweltschutz. (Schriften zu Mediationsverfahren im Umweltschutz, Nr. 1.) Berlin 1991.

Fisher F.M. and Shell, K., Taste and Quality Change in the Pure Theory of the True Cost of Living Index. In: Z. Griliches (Ed.), S. 42ff.

Freitag, T., Verpackung im Spiegel des Verbraucherbewußtseins. „Neue Verpackung", Heidelberg, Jg. 1991, Heft 12, S. 66ff.

Frey, B.S., Ökonomie als Verhaltenswissenschaft. Ansatz, Kritik und der europäische Beitrag. „Jahrbuch für Sozialwissenschaft", Göttingen, Jg. 29 (1978), S. 21ff.

Frey, B.S. and Foppa, K., Human Behavior: Possibilities Explain Action. „Journal of Economic Psychology“, vol. 7 (1986), S. 137ff.

Frey, B.S. und Stroebe, W., Ist das Modell des Homo Oeconomicus „unpsychologisch“? „Zeitschrift für die gesamte Staatswissenschaft“, Tübingen, Band 136 (1980), S. 82ff.

Fusser, A.J., Getränkeverpackungssteuern – der Königsweg zur Abfallvermeidung? In: H.G. Nutzinger und A. Zahrnt (Hrsg.), S. 123ff.

Gäfgen, G. und Monissen, H.G., Zur Eignung soziologischer Paradigmen. Betrachtungen aus der Sicht des Ökonomen. „Jahrbuch für Sozialwissenschaft“, Göttingen, Jg. 29 (1978), S. 135ff.

Gellenkemper, B., Doendens, H. und Stegmann, R. (Hrsg.), Umsetzung neuer Abfallwirtschaftskonzepte – Vermeidung und Recycling von Hausmüll, Bio- und Gewerbeabfällen. Münster 1991.

Gesellschaft für Verpackungsmarkforschung (Hrsg.), Einweg- und Mehrwegverpackungen von Getränken. Wiesbaden 1989.

Gierl, H., Ökologische Einstellungen und Kaufverhalten im Widerspruch. „Markenartikel“, Wiesbaden, Jg. 49 (1987), S. 2ff.

Gierse, M., Infrastrukturerweiterungen in ihren Wirkungen auf Straßen- und Umweltbelastung. „Zeitschrift für Verkehrswissenschaft“, Düsseldorf, Jg. 62 (1991), S. 215ff.

Gorißen, N., The Need of Low Consuming and Emitting Automobiles. In: Organisation for Economic Co-Operation and Development and International Energy Agency (Eds.), S. 133ff.

Graskamp u.a., Umweltschutz, Strukturwandel und Wirtschaftswachstum. (Untersuchungen des Rheinisch-Westfälischen Instituts für Wirtschaftsforschung, Heft 4.) Essen 1992.

Griliches, Z. (Ed.), Price Indexes and Quality Change: Studies in New Methods of Measurement. Cambridge, MA, 1971.

Grohmann, H., Vom theoretischen Konstrukt zum statistischen Begriff. Das Adäquationsproblem. „Allgemeines Statistisches Archiv“, Göttingen, Jg. 69 (1985), S. 1ff.

Hahn, W. und Ratzenberger, R., Nachfragerückgang verlangt Reform des öffentlichen Personennahverkehrs. „Ifo-Schnelldienst“, Berlin, Jg. 42 (1989), Nr. 16, S. 6ff.

Hansen, G., Kausalität in der Ökonometrie. Ein kurzer Rückblick bis 1950. „Allgemeines Statistisches Archiv“, Göttingen, Jg. 76 (1992), S. 111ff.

Hartwig, H., Naturwissenschaftliche und sozialwissenschaftliche Statistik. „Zeitschrift für die gesamte Staatswissenschaft“, Tübingen, Band 112 (1956), S. 259ff.

Hautzinger, H., Haushaltsbefragungen vom KONTIV-Typ: Hochrechnung – Gewichtung – Genauigkeitsbeurteilung. „Zeitschrift für Verkehrswissenschaft", Düsseldorf, Jg. 60 (1989), S. 345ff.

Heilemann, U. und Wenke, M., Attitudes and Consumption in a FRG Macroeconometric Model Context. (Paper presented at the Symposium on Economic Modelling, August 18-20 1992, Göteborg, Schweden.) unveröff. Manuskript, Essen 1992.

Heyder, H., Ökologiebewußtsein und Marketing. In: R. Szallies und G. Wiswede (Hrsg.), S. 339ff.

Holz-Rau, H.-C., Verkehrsverhalten beim Einkauf. „Internationales Verkehrswesen", Hamburg, Jg. 43 (1991), S. 300ff.

Höpfner, T., Jakobi, H. und Tacke, A., Die Lösung der Sonderabfallproblematik als Gegenstand gesellschaftlicher Konsensbildung. „WSI-Mitteilungen", Köln, Jg. 44 (1991), S. 356ff.

Höpfner, U., Kopfmüller, J. und Knörr, W., Energieverbrauch und Emissionen im Verkehrsbereich. Trend und Reduktionsszenario. Berechnungen zum Personenverkehr. In: Enquete-Kommission „Vorsorge zum Schutz der Erdatmosphäre" des Deutschen Bundestages (Hrsg.), S. 364ff.

Houthakker, H.S., Revealed Preference and the Utility Function. „Economica", London, vol. 17 (1950), S. 159ff.

Howard, J.D., Consumer Behavior: Application of Theory. New York 1977.

Joerges, B., Berufsarbeit, Konsumarbeit, Freizeit. Zur Sozial- und Umweltverträglichkeit einiger struktureller Veränderungen in Produktion und Konsum. „Soziale Welt", Göttingen, Jg. 32 (1981), S. 168ff.

Karl, H. und Klemmer, P., Einbeziehung von Umweltindikatoren in die Regionalpolitik. (Schriftenreihe des Rheinisch-Westfälischen Instituts für Wirtschaftsforschung, Neue Folge Heft 50.) Berlin 1990.

Katona, G., Die Macht des Verbrauchers. Düsseldorf und Wien 1962.

Kirchgässner, G., Erhöhung der Mineralölsteuern als umweltpolitische Maßnahme? Bemerkungen aus ökonomischer Perspektive zu den entsprechenden Vorschlägen der SPD-Arbeitsgruppe. „Zeitschrift für Energiewirtschaft", Braunschweig und Wiesbaden, Jg. 14 (1990), S. 58ff.

Kirchgässner, G., Ökonometrie: Datenanalyse oder Theorieüberprüfung? „Jahrbücher für Nationalökonomie und Statistik", Stuttgart, Band 198 (1983), S. 511ff.

Kirsch, G., Umweltbewußtsein und Umweltverhalten. Eine theoretische Skizze eines empirischen Problems. „Zeitschrift für Umweltpolitik und Umweltrecht", Frankfurt, Jg. 14 (1991), S. 249ff.

Klemmer, P., Gesamtwirtschaftliche Effekte ökonomischer Instrumente des Umweltschutzes. In: Umweltschutz. Herausforderungen und Chancen für die Wirtschaft. (Beihefte der Konjunkturpolitik, Heft 38.) Berlin 1991, S. 135ff.

Klemmer, P., Regionalpolitik und Umweltpolitik. Untersuchung der Interdependenzen zwischen Regionalpolitik und Umweltpolitik. (Beiträge der Akademie für Raumforschung und Landesplanung, Nr. 106.) Hannover 1988.

Knauer, R.H., Gefahr durch den Ersatzstoff. Auch teilhalogenierte FCKW beeinflussen das Klima. „Süddeutsche Zeitung", München, Ausgabe vom 11. April 1991, S. 46.

Knörr, W., PKW, Bus oder Bahn? Emissionsminderungspotentiale im Nahverkehr. „Informationen zur Raumentwicklung", Bonn, Jg. 1991, Heft 1/2, S. 59.

Kolar, R., Ökologische Optimierung von Verpackungen – Herausforderung und Chance für die Verpackungsbranche. In: B. Gellenkemper, H. Doendens und R. Stegmann (Hrsg.), S.60ff.

Koswig, M., Produkttests unter Umweltgesichtspunkten. „Verbraucherpolitische Hefte", Düsseldorf, Heft 6/1988, S. 71ff.

Krämer, W., Modellspezifikationstests in der Ökonometrie. „RWI-Mitteilungen", Berlin, Jg. 42 (1991), S. 285ff.

Little, I.M.D., A Reformulation of the Theory of Consumers Behavior. „Oxford Economic Papers", Oxford, vol. 1 (1949), S. 90ff.

Margolis, J. and Guitton, H. (Eds.), Public Economics – An Analysis of Public Production and Consumption and their Relations to the Private Sector. London u.a. 1969.

Maslow, A.H., Motivation and Personality. New York 1954.

McDougall, G.H.G. and Claxton, J.D., Automobile Gasoline Consumption: A Repeated Survey. „Journal of Economic Psychology", Amsterdam, vol. (1984), S. 325ff.

McKean, J.R. and Keller, R.R., The Shaping of Tastes, Pareto Efficiency and Economic Policy. „Journal of Behavioral Economics", vol. 12 (1982), S. 23ff.

Meckling, W.H., Values and the Choice of the Model of the Individual in the Social Sciences. „Schweizerische Zeitschrift für Volkswirtschaft und Statistik", Bern, Jg. 112 (1976), S. 545ff.

Meier, E., Neuverkehr infolge Ausbau und Veränderung des Verkehrssystems. Zürich 1989.

Menges, G., Die statistische Adäquation. „Jahrbücher für Nationalökonomie und Statistik", Stuttgart, Band 197 (1982), S. 289ff.

Michaelis, P., Duale Abfallwirtschaft auf dem Prüfstand. „Die Weltwirtschaft", Tübingen, Jg. 1991, Heft 1, S. 127ff.

Monissen, H.G., Externalitäten und ökonomische Analyse. In: E. Streißler und C. Watrin (Hrsg.), S. 342ff.

Naughton, M., Sebold, F. and Mayer, T., The Impact of the California Beverage Container Recycling and Litter Reduction Act on Consumers. „Journal of Consumer Affairs", Columbia, MO, vol. 24 (1990), S. 190ff.

Newman, P.W.G. and Kenworthy, J.R., Cities and Automobile Dependence: A Source Book. Aldershot and Brookfield 1989.

Niesbach, P. und Schell, U., Umweltorientierte Verbraucherarbeit der Verbraucher-Zentrale Nordrhein-Westfalen. „Verbraucherpolitische Hefte", Düsseldorf, Heft 6/1989, S. 83ff.

Nutzinger, H.G. und Zahrnt, A. (Hrsg.), Ökosteuern. Umweltsteuern und Abgaben in der Diskussion. (Alternative Konzepte, Nr. 73.) Karlsruhe 1989.

O.V., Abfallproblematik aus Verbrauchersicht, „Markenartikel", Wiesbaden, Jg. 54 (1992), S. 8f.

O.V., Nichts wäscht grüner ... Die Wasch-, Putz und Reinigungsmittelindustrie hat die Umwelt für sich entdeckt. „Der Verbraucher", Hamburg, Jg. 1991, Heft 5, S. 11ff.

O.V., Prognose für Luftschadstoffentwicklung aus dem Verkehr. „Umwelt", Bonn, Jg. 1991, S. 556.

O.V., Umweltberichterstattung. Naturschutz – ein Dauerbrenner. „iw-eil", Köln, Jg. 1992, Nr. 5, S. 7.

O.V., „Wir sind für Tempo 120". „Der Spiegel", Hamburg, Ausgabe vom 3. Februar 1992, S. 59ff.

Opp, K.-D., Das „ökonomische" Programm in der Soziologie. „Soziale Welt", Göttingen, Jg. 29 (1978), S.129ff.

Organisation for Economic Co-Operation and Development and International Energy Agency (Eds.), Low Consumption – Low Emission Automobile. Paris 1991.

Pindyck, R. and Rubinfeld, D., Econometric Models and Economic Forecasts. 2nd ed., New York u.a. 1981.

Prais, S.J. and Houthakker, H.S., The Analysis of Family Budgets. Cambridge, MA, 1971.

Prognos AG (Hrsg.), Wirksamkeit verschiedener Maßnahmen zur Reduktion der verkehrlichen CO_2-Emissionen bis zum Jahr 2005. Untersuchung im Auftrag des Bundesministers für Verkehr, Bonn. Schlußbericht. Basel 1991.

Raaij, W.F. van and Verhallen, T.M.M., A Behavioral Model of Residential Energy Use. „Journal of Economic Psychology", Amsterdam, vol. 3 (1983), S. 39ff.

Rat von Sachverständigen für Umweltfragen, Umweltgutachten 1987. Stuttgart u.a. 1987.

Rheinisch-Westfälisches Institut für Wirtschaftsforschung (Hrsg.), Analyse der strukturellen Entwicklung der deutschen Wirtschaft – RWI-Strukturberichterstattung

1987. Band 1: Gesamtdarstellung. Gutachten im Auftrag des Bundesministers für Wirtschaft. (Bearb.: K. Löbbe u.a.) Essen 1987.

Rominski, D., Wie zuverlässig sind Analysen und Bilanzen? „Absatzwirtschaft", Düsseldorf, Jg. 1991, S. 34ff.

Rommerskirchen, S., Mehr Mobilität – mehr Wohlstand? „Zeitschrift für Verkehrswissenschaft", Düsseldorf, Jg. 62 (1991), S. 158ff.

Rosenberg, M.J., Cognitive Structure and Attitudinal Effects. „Journal of Social Psychology", vol. 53 (1956), S. 367ff.

Rümmele, S., Weißblech und kein Ende. Marktentwicklung und Geschichte des Metallrecyclings. „Umweltmagazin", Würzburg, Jg. 1990, Heft 11, S. 20.

Salzman, J., Green Labels for Consumers. „OECD Observer", Paris, Nr. 169/1991, S. 29.

Samuelson, P.A., Pure Theory of Public Expenditure and Taxation. In: J. Margolis and H. Guitton (Eds.), S. 98ff.

Samuelson, P.A., The Pure Theory of Public Expenditure. „Review of Economics and Statistics", Cambridge, MA, vol. 36 (1954), S. 387ff.

Schallaböck, K.O., Verkehrsvermeidungspotentiale durch Reduktion von Wegezahlen und Entfernungen. „Informationen zur Raumentwicklung", Bonn, Jg. 1991, S. 71ff.

Schenkel, W., Acht Thesen zur Verpackungsverordnung und zum dualen Abfallwirtschaftssystem. „Zeitschrift für angewandte Umweltforschung", Berlin, Jg. 4 (1991), S. 342.

Schiffer, H.W. und Delbrück, K., Produktbezogener Umweltschutz. „Umwelt", Bonn, Jg. 1991, S. 540ff.

Schluchter, W., Elger, U. und Hönigsberger, H., Die psychosozialen Kosten der Umweltverschmutzung. (Texte des Umweltbundesamtes, Nr. 24/91.) Berlin 1991.

Schmitz, S., Schadstoffemissionen des Straßenverkehrs in der Bundesrepublik Deutschland. (Forschungen zur Raumentwicklung, Band 19.) Bonn 1990.

Schmölders, G., Zehn Jahre sozialökonomische Verhaltensforschung in Köln. „Ordo – Jahrbuch für die Ordnung von Wirtschaft und Gesellschaft", Stuttgart, Jg. 14 (1963), S. 260ff.

Schoenheit, I., Ökologie und Marketing im Meinungsstreit. „Markenartikel", Wiesbaden, Jg. 50 (1988), S. 70ff.

Schuchardt, W., Verkehrsberuhigung in europäischen Metropolen. „Vierteljahresberichte der Friedrich-Ebert-Stiftung", Bonn, Jg. 1991, S. 265ff.

Seel, B., Zum Umweltverhalten privater Haushalte aus haushaltsökonomischer Sicht. „Hauswirtschaft und Wissenschaft", Baltmannsweiler, Jg. 37 (1989), S. 278ff.

Statistisches Bundesamt (Hrsg.), [I],, Produktion im Produzierenden Gewerbe. (Fachserie 4: Produzierendes Gewerbe, Reihe 3.) Stuttgart, lfd. Jgg.

Statistisches Bundesamt (Hrsg.) [II], Außenhandel nach dem internationalen Warenverzeichnis für den Außenhandel. (Fachserie 7: Außenhandel, Reihe 4.) Stuttgart, lfd. Jgg.

Statistisches Bundesamt (Hrsg.) [III], Preise und Preisindizes für die Lebenshaltung. (Fachserie 7: Preise, Reihe 7.) Stuttgart, lfd. Jgg.

Statistisches Bundesamt (Hrsg.) [IV], Langlebige Gebrauchsgüter privater Haushalte. (Fachserie 15: Wirtschaftsrechnungen, Einkommens- und Verbrauchsstichprobe 1988, Heft 1.) Stuttgart 1990.

Strebel, H., Umweltfreundliche Verpackung – eine Marketingaufgabe. „Markenartikel", Wiesbaden, Jg. 52 (1990), S. 90ff.

Streißler, E. und Watrin, C. (Hrsg.), Zur Theorie marktwirtschaftlicher Ordnungen. Tübingen 1980.

Szallies, R. und Wiswede, G. (Hrsg.), Wertewandel und Konsum. Fakten, Perspektiven und Szenarien für Markt und Marketing. Landsberg/Lech 1990.

Teichmann, U., Die Nachfrageelastizität im innerstädtischen Individualverkehr – dargestellt am Beispiel ausgewählter Städte Nordrhein-Westfalens. „Zeitschrift für Verkehrswissenschaft", Düsseldorf, Jg. 54 (1983), S. 71ff.

Töpfer, K., Perspektiven umweltbezogener Produktkennzeichnung. „Der Städtetag", Stuttgart, Jg. 43 (1990), S. 813.

Topp, H.H., Gibt es für Stadt und Auto eine gemeinsame Zukunft? „Zeitschrift für Umweltpolitik und Umweltrecht", Frankfurt, Jg. 13 (1990), S. 273ff.

Umweltbundesamt (Hrsg.) [I], Merkblatt Umweltzeichen. Berlin 1990.

Umweltbundesamt (Hrsg.) [II], Das Umweltzeichen. Ziele – Hintergründe – Produktgruppen. Berlin 1990.

Umweltbundesamt (Hrsg.) [III], Verpackungen für Getränke. 5. Fortschreibung 1970 bis 1986. Berlin, ohne Erscheinungsjahr.

Unterrichtung durch die Bundesregierung, Bericht der Bundesregierung an den Deutschen Bundestag über die Wirkungen des Wasch- und Reinigungsmittelgesetzes vom 19. Dezember 1986. Deutscher Bundestag, Drucksache 11/4315. Bonn 1989.

Urban, D., Was ist Umweltbewußtsein? Exploration eines mehrdimensionalen Einstellungskonstruktes. „Zeitschrift für Soziologie", Göttingen, Jg. 15 (1986), S. 363ff.

Verordnung über die Vermeidung von Verpackungsabfällen (Verpackungsverordnung – VerpackV) vom 12. Juni 1991. (BGBl I, S. 1234ff.).

Voss, G., Die veröffentlichte Umweltpolitik. Ein sozio-ökologisches Lehrstück. Köln 1990.

Walter, J., Innovationsorientierte Umweltpolitik bei komplexen Umweltproblemen. (Wirtschaftswissenschaftliche Beiträge, Nr. 13.) Heidelberg 1989.

Walter-Borjans, N., Ansätze für ökologieorientierte Abgaben im Verkehrssektor. In: H.G. Nutzinger und A. Zahrnt (Hrsg.), S. 176ff.

Wegehenkel, L. (Hrsg.), Marktwirtschaft und Umwelt. Tübingen 1981.

Wenke, M., Zur Bedeutung des Privaten Verbrauchs und seiner Komponenten für die Konjunkturschwankungen seit dem Beginn der sechziger Jahre. „RWI-Mitteilungen", Berlin, Jg. 41 (1990), S. 205ff.

Wicke, L., Umweltökonomie. Eine praxisorientierte Einführung. München 1982.

Willeke, R., Ist die Stadt noch zu retten? „Zeitschrift für Verkehrswissenschaft", Düsseldorf, Jg. 62 (1991), S. 59ff.

Wuppermann, B., Töpfers Verpackungsverordnung auf dem Prüfstand: Verwertung vor Vermeidung. „WSI-Mitteilungen", Köln, Jg. 44 (1991), S. 499ff.

Zieschank, R., Mediationsverfahren als Gegenstand sozialwissenschaftlicher Umweltforschung – Kriterien für den Umgang mit einem neuen Forschungsfeld. „Zeitschrift für Umweltpolitik und Umweltrecht", Frankfurt, Jg. 14 (1991), S. 27ff.

Kolibri 360 GmbH
Ferdinand-Jühlke-Straße 7
99095 Erfurt, Deutschland
produktsicherheit@kolibri360.de

Druck:
CPI Druckdienstleistungen GmbH
im Auftrag der
Kolibri 360 GmbH
Ferdinand-Jühlke-Str. 7
99095 Erfurt